我把最客观的分析用来为最主观的服务。

——皮埃尔·布尔迪厄

布尔迪厄作品

自我分析纲要

ESQUISSE POUR UNE AUTO-ANALYSE

[法]皮埃尔·布尔迪厄（Pierre Bourdieu） 著
刘晖 译

中国人民大学出版社
·北京·

总　序

根植于马克思、韦伯和涂尔干所代表的欧洲社会学传统，以20世纪60年代法国学术圈为背景，布尔迪厄的作品既是一个延续，也是一个断裂，是对来自不同路径的既得知识的带有批判性的系统化。如果用涂尔干与“常识”决裂的经典视角来解读的话，其作品也可以被描述为社会科学领域的一次“象征革命”。这在很大程度上要归功于布尔迪厄在一系列经典对立关系中发现第三个立场的能力，如个人与社会、心理结构和社会结构、历史和结构、自由和决定论、相对历史主义和普世理性主义、主观主义和客观主义、积极投入和保持距离等对立关系。正是通过这一能力，布尔迪厄逐渐建立了一种范式，可以总结为“资本”“场域”“惯习”的概念三部曲。这一范式与反思的原则不可分割，而这一反思的原则可以被理解为使客观化主体科学地客观化的过程：对于自我的认知，事实上在这里被视作发表关于世界现实的言论的一个必要前提。基于经验研究，布尔迪厄的作品可以被描述成一部“象征资本的经济学”（其“资本”的概念可以拆分为“经济资本”“文化资本”“社会资本”和“象征资本”，后又可依照各个相对独立的场域，被界定为相应的特定资本）；他的“再生产理论”对于资本分配的不平等的描述（包括其中的“失败者”和“奇迹般的成功者”）印证了这一点，其象征冲突和象征革命理论（在文学领域通过分析福楼拜来展示，在艺术领域通过分析马奈来进行）也体现了这一点；再如其“实践总体理论”（在分析中呈现为惯习和场域的碰撞）；又如他的“统治关系理论”以及形式繁多的象征暴力在不同社会空间中的体现（阶层统治、男权统治、殖民统治等）；最后，他未能完成的“场域总体理论”中也呈现了这一点。

今天，布尔迪厄的作品被当代知识界的不同领域使用、引用、讨论和批判，这些领域从教育社会学到语言哲学，再到认识论，还包括了民族学、政治学、制度主义经济学。如果说布尔迪厄可以被视作我们这一时代的主要思想家之一，其作品角度的多维性和形式的多样性则使得其无法被惯用的学科划分方法归类，无法判定其作品只属于某一学科。如果说布尔迪厄确实是一名社会学家的话，则同时也可以说他是一位哲学家：20世纪50年代末他所着手解决的正是一组哲学问题，他所采用的方法使人想起涂尔干的研究路径，后者在20世纪刚刚来临时，尝试使康德的哲学“社会学化”。而布尔迪厄也是一个“社会科学家”：正如对于他的作品的不同形式的采纳和接受所印证的，他的作品涉及了大部分社会人文学科，如语言学、文学、政治学、经济学、人口学、历史学，乃至认知科学。

出于介绍其作品的目的，我想提几个在理解他的作品时，尤其是在其作品传播到遥远的国度时会产生的障碍。我坚信对这些问题的了解，可以帮助读者提高逾越这些障碍的可能性，虽然这可能只是一个幻想。

首先，我们不能否认布尔迪厄文字中固有的、在语义上和句法上的理解难度。即便是内行的读者，也无法避免在理解他的作品时出现困难（当然，对于翻译者也是如此）。这一困境与他论述过程的稠密度有关，与其举例的丰富度有关，还因其经常侧面指出其引用的例子可能具有的同源性（homologie），也因其总是考虑到界定他的论述的有效条件和范围，预见到可能出现的异议或者误读，还由于他经常使用为了切断与常识的联系而建构的概念上的习惯用语，更由于他的句子结构总是那么复杂，而这一复杂句式的建构一方面反映了社会过程相互联系的特点，另一方面也反映了一个自省的思想是如何进行的。

布尔迪厄的著作对于外行来说难以接近，对于知识分子来说，出于不同的原因，阅读起来也并不容易。除了属于知识分子们自己特有的经院环境以外，布尔迪厄的作品切断了知识分子和社会世界之间迷人的联系和知识分子与他们自身社会地位的联系，他摆脱了主体性哲学、存在主义者的人道主义、60年代末以萨特为代表的激进主观主义，也摆脱了无主体性哲学、结构主义下的反人道主义和列维-斯特劳斯所代表的客观主义。与此同时，其著作与文学哲学传统下统治整个法国知识界的理论至上主义决裂，也与支配着全世界研究走向的美国社会学所推广的实证经验主义相抗衡。正因如此，布尔迪厄的著作被主观主义者视作“客观主义”，被结构主义者定义为“人道主义”，被经验主义者划分为“理论主义”，并被历史哲学家视作“实证主义”，其著作的接受过程曾经在很大程度上由不真实的边界和人为的分割所左右，正是这些边界划分着一个国家所有的领域，并一直被布尔迪厄质疑（Brubaker，1985）。

虽说布尔迪厄的著作具有让知识分子们感到为难的所有特质，但在理解过程中最容易出现的问题大概在于把其著作矮化为纯理论著作的阅读方式，以及通过这种方式来评论书中的概念，而不是使用它们。对其著作的误解一方面产生于对其研究路径的误读，另一方面来自对其研究意图的错误认识。布尔迪厄在知识生产上的实践不能被简单归类为“理论生产”：“我建构的理论工具不是为写评论或者写注释而设计的，而是为了在新的研究中使用的。”(Bourdieu，1993 ：27) 如果布尔迪厄提醒人们不要拿他的著作来进行“哲学性”阅读或“理论性”阅读，这是因为他最想传递的是一种“科研惯习”，是一个普适的、对于社会学者这一职业必不可少的倾向性（disposition）系统。对理论至上主义的提防导致对经验主义的警惕：沉浸在经验现实中会使人自然而然地把观察到的案例建构为一种可能性，而这一可能性又被置于一个可能出现的形势是被限定的世界中。

除了这些困难，还要加上国际观念贸易自身形成的一些障碍（Bourdieu，2002)。除了语言障碍、民族主义障碍、偏见和刻板印象这些在知识生活中大概不比其他社会领域要少的问题，还有根植于国际观念贸易逻辑的误解的结构性原因。借鉴了马克思的观念，布尔迪厄用“无上下文的文本流通”来分析这一结构性障碍。各国的知识领域的结构如同国际观念贸易中的一个文化中介；出口国的结构决定产品的形式，而接受国如同某种思维透镜一般挑选、曲解那些可以在它们自己的背景中找到共鸣的思想，并用地方上的理论方言把这些思想转译出来。然而，接受了这些进口观念的人们，在绝大多数情况下，忽视了生产这些观念的场域，忽略了构想它们的场域在科学层面的可能性以及这些观念原本的意义和作用。在此之上，它们自发地依据接受地的场域结构重新阐发了这些观念，并通过感知模式和阐释模式把它们与接受地的背景联系起来。一个来自外国的文本所持有的意义和作用正是这样被确定下来的，至少无论对于接受地还是对于来源地都是一样的。“错位误读”效应与观念的国际化流通密不可分，这一效应基本上表明了引进著作在来源地的含义和客观地位与其接受者在接受地的立场不可避免的相互影响。与来源地的知识界在距离上的遥远和熟悉感上的缺失使人倾向于把布尔迪厄作品的复杂性归咎于巴黎知识界的特殊性（“法国例外论”）。翻译所固有的碎片化（正如与此相反的使一部著作的不同阶段同步化）使人们无法理解一个著作的阐释逻辑：它中断的地方、它修正的地方、它重读和修改的地方。超越这些障碍意味着采用一种社会衍生学的角度来看待一部作品：超越关于一个国家内部生产场域的社会学和其中孕育的国家性的思维分类法。在这一视角下，人们应该把这一分类法解释清楚，通过研究教育制度史和文化生产的场域，使一个国家在文化上的潜意识结构浮出水面，而这正是思维体系的历史基石。这样，我们才可以把社会科学在超越各国内部知识生产场域界限而流通的过程中所产生的扭曲误解变得显而易见，而这一过程可能可以抵消或者减少这些曲解。

但是，正因为“所有的科学都藏在某处”，又因为斗争的输赢才是社会学的研究对象，我觉得理解布尔迪厄著作的主要困难不在于其复杂的句法和晦涩的措辞，不在于知识分子学究式的偏好，亦不在于国际观念市场的内在困难，而在于整个批判社会学事业所带来的困境。对其著作的理解消化首先碰触到的，是或多或少被牢牢内化的反对所有社会学尝试揭露内情时会遇到的阻力，这不仅仅是有时社会学质疑的一些关键利益，还有常识上的一些模式。社会学的工作很少使我们到达被称为清晰的境界，换句话说就是为情理之中的事情提供证据：主体性哲学和各种形式的主观主义幻觉都明显比社会学的客观化过程所带来的结果离常识想法更近，所以“理性选择理论”也明显比“惯习理论”离常识的距离更近。此外，作为除魅者，社会学的主张经常被（错误地）视作囚禁在一种命运里，而社会学家也经常被看成扫兴者。与其说社会学真的是一门除魅或者灭圣的科学，不如说它其实是一门“扰人的科学”（Bourdieu，1980）。因为它揭露出隐藏在背后的有时被抑制的东西，还因为它经常与统治者的利益相违背，部分由于这些利益隐匿于缄默的表面之下或于情理之后，而情理经常告诉人们事情就应该是这样的且无法是其他的样子。

热拉尔·莫热（Gérard Mauger）

2016 年 4 月于巴黎

参考文献

Bourdieu P.，1980，“Une science qui dérange”，*in* Bourdieu P.，*Questions de sociologie*，Paris，Les Éditions de Minuit，p. 19-36.

Bourdieu P.，1993，“Concluding Remarks：For a Sociogenetic Understanding of Intellectual Works”，*in* Calhoun C.，LiPuma E.，Postone M.，*Bourdieu：Critical Perspectives*，Cambridge，Polity Press.

Bourdieu P.，2002，“Les conditions sociales de la circulation

internationale des idées", *in Actes de la recherche en sciences sociales*, n° 145, p. 3-8.

Brubaker R., 1985, "Rethinking classical sociology: the sociological vision of Pierre Bourdieu", *Theory and Society*, 14, n° 6, p. 745-775.

热拉尔·莫热（Gérard Mauger）

社会学家，法国社会科学院荣誉研究员，欧洲社会学和政治学中心研究员，该中心为布尔迪厄联合索邦大学的政治科学中心共同创立的。莫热先生曾任教于巴黎高等社会科学院（EHESS）、巴黎高等师范学院（ENS），曾为"调查—田野理论"（Enquêtes terrains théories）团队和"跨学科实践"（Pratiques de l'Interdisciplinarité）硕士项目的成员。

莫热先生学术上的研究领域包括年龄和代际关系社会学、犯罪社会学、文化实践社会学和政治社会学，并有著述十多本，如《年龄和代际关系》（*Âges et générations*, Paris, Éditions La Découverte, coll. "Repères", 2015）、《青年犯罪社会学》（*La sociologie de la délinquance juvénile*, Paris, Éditions La Découverte, coll. "Repères", 2009）、《读

者的历史》（*Histoires de lecteurs*，Paris，Éditions Nathan，coll. “Essais et Recherches”，1999）。此外，自 20 世纪 80 年代，他便作为布尔迪厄的合作者参与其团队的科研工作。在布尔迪厄逝世后，莫热先生撰写并组织出版了多部总结整理布尔迪厄学术遗产的论文集，如《遇见布尔迪厄》（*Rencontres avec Pierre Bourdieu*，Bellecombe en Bauges，Paris，Éditions du Croquant，2005）和《阅读布尔迪厄》（*Lectures de Bourdieu*，Paris，Ellipses，2012）。

这不是传记。

——皮埃尔·布尔迪厄

出版社按语

社会学分析排除心理学，几个情绪变化除外。

——皮埃尔·布尔迪厄，《备课笔记》

布尔迪厄的这部著作撰写于 2001 年 10 月到 12 月 7
间——但他多年以来致力于此并深思之，他尤其要思考适于赋予它的形式——，这部著作始于他在法兰西学院的最后课程，是按照《科学的科学与反思性》最后一章的一个（扩充的、修订的）新版本来设计的。而且，为了表明两部著作之间的连续性，他采用了相同的标题：“自我分析纲要”。他决定让这本书首先在德国出版[1]，尽管他曾考虑把

---

① *Ein Soziologischer Selbstversuch*，Francfort，Suhrkamp，2002.

它重新拿来并加工成法文版。我们选择出版此书的德文版，仅仅补充了几个目录注释，以供明确参考。

8 如同（1982 年）布尔迪厄以反思性很强的《关于课程的课程》进入法兰西学院那样，他决心让自己服从反思性的运用，以此作为最后的挑战，完成最后的课程。在他作为研究者的整个一生中，他都把反思性的运用当成科学研究的必要前提之一。

他知道，把自身作为对象可能带来这样的危险，即他不仅会被谴责为自满，也会为所有这些人提供武器，他们只等着一个机会，以便否定并正好以他的位置和他的轨迹的名义否定他的社会学的科学特点，他们看不到，反思性的运用长久以来被确立为一种科学性工具。这个方方面面自相矛盾的计划体现的远远不是炫耀行为（“督促读者思索为什么要读这个”，布尔迪厄在他的备课笔记中说），而是研究者与他关于科学真理的观念达成最终一致的全新举动，以及通过相当克制的自省（“我把最客观的分析用来为最主观的服务”，他评论这部著作时还写道），为全部著作中陈述的主张之科学特点提供一种最终保证的意愿。

9 我们看到，他有理由担心它可能被恶意使用。他在从前的一个版本中说：“这不是自传。我禁用这种体裁，不仅因为我揭示（露）了传记的幻想；它还让我极为反感，掺杂着恐惧的厌恶导致我泼许多‘传记作者’的冷水，这种厌恶源自我认为正当的理由。”

2003 年 12 月

目　录

一

我不想迎合体裁，关于自传这种体裁多么俗套而又虚 11
幻，我说得够多了。我只想尝试着集中并透露一种自我社会分析的几个因素。我不掩饰我的某些担忧，这些担忧远远超出对被误解的惯常恐惧。其实，我感到，特别由于我在社会空间中行程广泛，以及这种行程连接但不加以调和的诸社会世界在实践中的不相容，我不能保证——因为远远无法肯定我自己借助社会学工具是否达到了这一点——读者能以在我看来适宜的目光看待我将要展现的经验。

通过采取分析者的视角，我被迫（并使自己有理由）抓住所有从社会学观点来看直接相关的特征，也就是对社会学解释和理解所必要的特征，而且仅仅是这些特征。但
是，我远非人们所担心的那样，试图强迫别人接受我的阐 12

释，并由此产生一种封闭作用。我试图把这种尽可能诚实地陈述的经验，交付批判的对比，就像涉及无论其他什么对象那样。我非常清楚，我的历史的所有时刻，尤其是我在研究方面所采取的不同立场，都经由这个视角并无论如何合宜地按照“慈善原则”得到分析，这些时刻和立场可能显得恢复了其社会学必然性，也就是说，在这个方面得到了证明，以及无论如何都显得比实际上更理性甚或更系统和更合理，仿佛它们出自一个从一开始就有自我意识的计划。但是我知道并且丝毫不掩饰这一点，即事实上，我只是逐渐地发现指导我的实践的原则，即使在研究领域也是如此。

我的“选择”并不真正是无意识的，它们尤其体现在往往无关联的智识拒绝和反感中，而且它们很迟才以明确
13 的方式表现出来（比如风行一时的对萨德的崇拜曾引起我的极度厌恶，巴塔耶式或克洛索夫斯基式的性事观念仅在1994年《社会科学研究杂志》探讨“身体的交易”那一期才得到最初的表达）。也许因为我过分投入到我的研究工作和我主持的团队中，顾不上看我的四周；也许因为我要做的事太多，无法把我如此需要的一部分时间用来讨论或批判我周围那些在法国或外国、在社会科学或哲学领域最引

人注目的人。我对他们一向是不大看重的，也许我在针对不属于我的问题的知识分子讨论中是相当笨拙和不受欢迎的［我对与哈贝马斯的一次会面保留了一段好坏参半的回忆，这次会面当然是非常热情的，是德雷福斯（Dreyfus）和拉比诺（Rabinow）在巴黎安排的］，我趋向于一往直前，有点听其自然，我只是逐渐地，几乎总是以追溯的方式——尤其在国外短暂停留时——开始明确我与哈贝马斯、福柯或德里达的“区别”。今天人们经常向我问到他们，然而他们在我的研究中，比西考莱尔（Cicourel）、拉博夫（Labov）、达恩顿（Darnton）、梯利（Tilly），以及其他许 14
多在知识或传媒领域不知名的历史学家、人种学家或社会学家，出现得少得多，而且更不重要。毕竟，我可以在解释自己和理解自己的努力中，依靠对自己的客观化片段，把这些片段留在整个研究过程的路途上。在这里，我将尽力深化它们，并把它们系统化。

二

15 理解，就是首先理解一个场，一个人与这个场一起并通过反对这个场而形成。这就是为什么要冒欺骗读者的风险，因为读者也许期待看到我从开端也就是通过展示我的早年经历和我童年的社会空间开始，尽管如此，我还是应该按照正确的方法，首先检验我在20世纪50年代左右进入哲学场时的状态。如果我提醒人们，我当时是高等师范学校哲学专业的学生，并在一个哲学可能表现辉煌的时代，处于学校教育等级的顶端，在我看来，我应该说出了对解释和理解我后来在大学场中的轨迹之需要所必要的基本点。但是，鉴于“哲学家”这个词的模糊不清有助于支持巨大的过度投入，而不那么犹豫和更直接符合真实机遇的选择则不考虑过度投入，那么，为了理解一个人为什么和如何

变成“哲学家”，我也力求展现当时呈现给我的可能性空间，以及适于产生内在信心和灵启式赞同的制度仪式。在 16
这些年中，这些是进入哲学家部落的条件。

在这里，我无法提示人们认可过程的全部机制，这个机制从预备班的中学高年级优等生会考到高等师范学校会考都存在，导致选民（以及尤其是逃过劫难的献身者）选择曾选择他们的学校，并认可把他们变成精英的选择标准；如同，接下来，导致他们趋向顶级学科，无疑他们得到的褒奖越多，他们选择这个方向就越迫切。一个人变成“哲学家”是因为他被认可，而且他通过为自己取得“哲学家”的权威地位认可自己。哲学选择因此是身份自信的一种表现，这种表现又强化了身份自信（或傲慢）。在这样一个时代尤其如此，因为在这个时代，整个知识场被让-保罗·萨特的形象统治着，尤其是通过海德格尔《关于人道主义的书信》[1] 的收信人让·波弗莱（Jean Beaufret）以及高等师范学校本身的会考，通过一度由莫里斯·梅洛-庞蒂和弗拉基米尔·扬科雷维奇（Vladimir Jankélévitch）组成的评委会，高等师范学校文科预备班成为或可能表现为知识生活

---

① Martin Heidegger, *Lettre sur l'humanisme*, Paris, Aubier, 1964.

的圣地。

17 高等师范学校文科预备班是最高形式的也就是哲学形式的法国式知识分子抱负诞生地。萨特刚刚创造并规定其形象的全能知识分子，是一种教育要求的人，这种教育提供了一系列广泛的学科，哲学、文学、历史、古代和现代语言，并通过“论述可知的万物”（按照涂尔干的说法）的训练，即整个配置的要点，鼓励一种自信，而这种自信往往近乎是对无可辩驳的无知的无意识。对修辞创造的无限权力的信仰，只能在哲学即兴创作的巧妙戏剧化卖弄中得到最大的支持：我想到了一些大师，如米歇尔·亚历山大（Michel Alexandre），阿兰的晚期弟子，他以预言家的装腔作势掩盖了一种哲学话语的贫乏，这种哲学话语的唯一本领可归纳为一种无历史证明的思考，或许还有让·波弗莱，他向着迷的学生传授海德格尔的思想奥秘，除了几个片段，海德格尔的作品尚未被翻译。[人们只有看到这一点，即黑森林的哲学家作为职业贵族主义的典型代表，以及不知不
18 觉萦绕在哲学教授心头的无须争辩的哲学之哲学的典型代表，比表面看来更接近拉尼奥（Lagneau）和阿兰的法国古老传统——像50年代高等师范学校文科预备班培养的那么多“哲学家”能把对亚历山大的敬仰与对海德格尔的热情

联系起来这个事实所证明的那样，海德格尔在法国获得的异乎寻常的成功得到了彻底的解释。]

这样就形成了一种被普遍承认的学校教育贵族，以及因“是贵族就要行为高尚”而来的高傲意识，这种意识为名副其实的“哲学家”规定最远大的知识抱负，禁止他致力于某些学科或某些研究对象，尤其是社会科学的专家接触的所有学科或对象。（比如，需要 1968 年的冲击，1945 年高等师范学校文科预备班中培养出来的哲学家才能正视权力和政治问题，但只是以一种高度升华的方式：无疑，德勒兹和福柯以及他们之后的所有其他人，原本无法提出一个像权力问题那样明确地被旧式哲学标准排除的问题，如果这个问题没有被学生的不满引入大学场的核心——学生的不满受到被学术正统观念完全忽视或蔑视的理论传统的启发，这些理论传统包括：马克思主义、韦伯的国家观念、学校教育制度的社会学分析。）

一些一体化程度很高的集团的极限（和实践模式）是因循守旧的家族，这些集团的影响力大部分来自这个事实，19
即它们被一种串通束缚在幻象中，被一种固有的同谋束缚在集体幻觉中，这种串通或同谋为每个成员确保一种自我颂扬的经验，即一种团结一致的原则，这种团结一致植根于对集团形象的认同，集团形象即自我的迷人形象。其实，这种由社会构造的、来自一种“高级本质”的感觉，由于利益的一致和习性的相似，最有助于建立一种堪称“身体的精神”的东西——尽管这种表达方式用于坚信其完全的非实体性的一系列个体时显得这样奇怪。奥义传授仪式的功能之一就是建立一个无意识的共同体，这个共同体使得暗中对手的悄然冲突、主题或观点的隐蔽借鉴、默示的参照以及仅在被传授奥义的人的小圈子里可理解的影射成为可能，每个人都自感有权把这些主题或观点归于自己，因为它们是非常接近自己的创造模式之模式的产物。（以这种眼光看60年代以来的作品，就是在公开宣告的差别的喧哗外表之下，发现并善于辨别问题和主题的深刻一致性，比
20 如在德里达的“解构”口号中，透过理论背景的彻底改变引起的变化，认出巴什拉与预构决裂的主题，这个主题变成了学校教育论题，同时也在哲学场的另一极——尤其在阿尔都塞那里——以及社会科学尤其在《社会学家的技艺》[1] 中得到一致配合。）

但此时此地——也许也是所有时代和所有国家——

① *Le Métier de sociologue*，Paris，Mouton-Bordas，1968（avec Jean-Claude Chamboredon et Jean-Claude Passeron）.

的哲学空间的最重要也是最不明显的属性，无疑是经院式封闭，尽管这种封闭也体现了其他学院生活胜地如牛津大学或剑桥大学、耶鲁大学或哈佛大学、海德堡大学或东京大学的特点，但它依旧借助封闭的、分隔的、脱离真实世界的世界，体现出一种最典型的形式。50年代左右，大部分法国哲学家都在这个世界中培养出来，他们的使命启发了今天全球范围的校园激进主义，尤其通过文化研究。由于学校教育挑选的作用，以及一个在社会方面相当同质的集团的延长了的共居生活的作用，封闭作用得到强化，这种作用实际上只能促进一种与世界的社会和精神距离。在尤其通过某些政治介入（斯大林 21
主义，等等）重返真实世界、因而往往不免悲怆的企图中，这种距离从未自相矛盾地显示得如此清楚，因为这些政治介入的不负责任的乌托邦主义和脱离现实的激进性，证明了它们仍是否认社会世界的现实的一种悖论方式。

很显然，对我而言，如同对所有当时与哲学有某种关系的人而言，萨特本人无论在知识范围上，还是在政治领域上，都散发了一种让人难免产生矛盾心绪的魅力。但是，

《存在与虚无》[1] 的作者在这个空间里从未一统天下，那些反抗“存在主义”的上流社会形式或学校教育形式的人（我也在其中）能够依靠一系列被统治的潮流：首先是与科学史紧密相连的一种哲学史，这种哲学史的“典范”由两部重要的著作来代表，即马夏尔·盖鲁[2]的《莱布尼茨的
22 动力学与形而上学》与朱尔·维耶曼[3]的《康德的物理学与形而上学》。前者是高等师范学校毕业生和法兰西学院教授，后者当时是巴黎大学的年轻助教和《现代》杂志的撰稿人，也是高等师范学校毕业生，后来接替了盖鲁在法兰西学院的职位。接下来是由加斯东·巴什拉、乔治·康吉扬和亚历山大·科伊雷这类作者代表的一种认识论和一种科学史。这些边缘的和临时处于被统治地位的作者，由于统治者的光芒而被遮蔽在公众认识之外，他们往往出身于民众和外省，或者对法国及其学校教育传统感到陌生，并附属于远离中心的大学机构（比如高等研究院或法兰西学院），他们为那些出于不同理由试图反抗出现在所有思想战线上的全能知识分子的既迷人又不被接受形象的人提供了

---

① Jean-Paul Sartre, *L'Être et le Néant*, Paris, Gallimard, 1943.

② Martial Guéroult, *Dynamique et métaphysique leibniziennes*, Paris, Les Belles Lettres, 1935.

③ Jules Vuillemin, *Physique et métaphysique kantiennes*, Paris, PUF, 1955.

一种支持。（应该加上埃里克·魏尔，从那个时期起，我就听过他关于黑格尔的评论，后来对他更深入的了解，则是60年代初我到里尔中学就职时。）

乔治·康吉扬是萨特和阿隆在高等师范学校的同学，由于民众的和外省的出身把他们分隔，他可能同时被大学场中对立位置的占据者看中：作为典型的学术人，他为在个体的再生产机构中占据与其完全同源位置的教师如达戈 23
涅（Dagognet）充当象征；但是作为一种科学史和认识论传统的维护者，他又在存在主义胜利的时代代表严肃和严格的异端避难所，他与加斯东·巴什拉一起被离学院传统的核心最远的哲学家如阿尔都塞、福柯和其他几个人尊奉为思想大师。仿佛他在大学场中既主要又次要的位置，以及使他预先倾向于占据这个位置的完全稀有的、甚至外来的配置，指定他为所有这些人扮演图腾标志的角色，这些人试图与占统治地位的模式决裂并通过聚在他的名下，组成“看不见的学院”。

逃避上流社会式迷恋的欲望，可能会通过阅读（由保尔·利科[①]或哲学家巴什拉的女儿、科学史学家苏珊娜· 24

---

① Edmund Husserl, *Idées directrices pour une phénoménologie*, Paris, Gallimard, 1950.

巴什拉[1]翻译的）胡塞尔，或到最倾向于把现象学当作严格科学的现象学家如梅洛-庞蒂那里，寻找存在主义“便利”的另一种解毒剂。存在主义，尤其是基督教式的存在主义，常常被等同于对“实际经验”的有点幼稚的赞颂。梅洛-庞蒂也提供了一条走向人文科学的途径，如儿童心理学。来法兰西学院之前，他在巴黎大学教儿童心理学。但他也提供了走向索绪尔、韦伯和莫斯的途径。在这种背景下，乔治·巴塔耶和埃里克·魏尔主编的《批判》杂志，通过使人进入一种国际性的和跨学科的文化，让人有可能摆脱整个精英学派实施的封闭。（人们会理解，通过对当时呈现在我面前的哲学可能性空间的这种展示，我表达了通常非常热烈的并总是持久的20年的敬佩之情，以及一种特定的观点，我对大学场和哲学的表象的认识正是来源于此。）

于是，人们看到，鉴于哲学上反存在主义革命的某些领导者依靠50年代的被统治者，根据人们是否考虑这些被统治者，任意制造50年代和70年代之间的连续性或断裂

---

① Edmund Husserl, *Logique formelle et logique transcendantale*, Paris, PUF, 1957.

的表象是可能的。但是，无论在其生活还是作品中，50 年
代的被统治者都显示了许多他们服从于占统治地位的哲学
模式的迹象。也许巴什拉除外，针对存在主义大师的断言，
尤其在科学方面的断言，他的著作随处可见讥讽的评注。 25
如同 50 年代的被统治者一样，70 年代的新统治者无疑也
未将他们从事的反对全能哲学家的统治权的革命进行到底。
他们最彻底脱离学院控制的研究依旧带有某种等级的痕迹，
这种等级被纳入制度的客观结构中，比如大论文与小论文
的对立。大论文是最有抱负、最有创造性和最“出色”的
论述的载体，而小论文从前是用拉丁文写的，注定要致力
于考据或人文科学的卑微研究。这种等级也被纳入认识结
构即被归并的分类系统中，表现为理论与经验、一般与特
殊、哲学与社会科学的对立。

60 年代初，当这些平民科学开始威胁哲学的霸权地位
时，他们无疑愈发表露出与平民科学保持和显示一定距离
的想法。因此，在与平民科学的对抗中，他们竟模仿科学
性的修辞（尤其通过我所说的某某学作用——“语法学”、
“考古学”等等，以及其他在阿尔都塞主义者那里尤为显而
易见的修辞手段），并把平民科学的许多问题和发现悄悄据 26
为己有。（应该让人有朝一日清点一下这代哲学家从语言学

家、人种学家以及尤其 1968 年之后从社会学家这类“低等种姓”借鉴的东西，他们这样做了却从不说出来——与其说是由于不诚实，不如说是由于一种极端的高傲传统，由于不想降低身份。）这在很大程度上妨碍他们看到这一点，即他们正在实现的与人格主义的人道主义之天真正统思想的决裂，只是通过结构人类学和语言学的迂回道路，把他们重新引向社会科学从世纪初就开始捍卫的“无主体哲学”。[正如我与让-克洛德·帕斯隆在 1968 年革命前夜写的一篇文章中力图说明的那样[1]，钟摆运动曾经导致 30 年代的高等师范学校的学生尤其是萨特和早期的阿隆——写《历史哲学导论》的阿隆[2]，反对被视为有点“总体化”的
27 涂尔干主义，然而 60 年代初尤其在克洛德·列维-斯特劳斯和结构人类学的推动下，这个运动回到相反方向，重新导向人们站在《精神》杂志和利科一边宣称的那种“无主体哲学”。哲学生活的静止运动不过让游戏回到了起点，80 年代左右，费里（Ferry）和雷诺（Renaut）作为急切的觊

---

① “Sociology and philosophy in France since 1945: Death and Resurrection of a Philosophy without Subject”, *Social Research*, XXXIV, 1, Spring 1967, pp. 162 – 212 (avec Jean-Claude Passeron).

② Raymond Aron, *Introduction à la philosophie de l'histoire. Essai sur les limites de l'objectivité*, Paris, Gallimard, 1938.

觎者挑起事端，他们当然得到了《精神》杂志的支持，但也得到了诺拉（Nora）和戈谢（Gauchet）的《争鸣》杂志，以及弗朗索瓦·福雷的一大群媒体追随者特别是《新观察家》的支持。他们试图再次发起流行的钟摆运动，通过一种建立在自相矛盾的社会学主义大杂烩基础上的低级论战，公开主张“主体的回归”，反对那些在60年代亲自宣告“主体死亡”的人。]

在60年代，被路易·平托①称作“查拉图斯特拉的侄子”的人，显然在享有盛名的和半异端的祖先（尤其是尼采）的庇护下，促使社会科学“回”到“去唯灵论的”哲学之路。但这种被巧妙否认的“回归”与真正的调和截然相反，甚至对“脱离”种姓精神最彻底的人——比如1968 28
年后的权力理论家福柯——而言，与社会科学尤其是社会学的界限在社会方面是不可跨越的。社会学被外行视作在对象上相似一种新闻业，此外，由于它的科学主义甚至实证主义的庸俗形态，与哲学相比，它受到贬低。当它触及知识世界最无可争议的信仰，比如涉及艺术和文学的信仰时，当它预示着“还原”个人和文化的神圣价值，进而是

① Louis Pinto, *Les Neveux de Zarathoustra*, Paris, Seuil, 1995.

有修养的个人的价值的危险时（它最经常被归咎于“社会学主义”的作用或危害就是“还原”），这种庸俗形态从未表现得如此清楚。我曾多次感受到，《对艺术的爱》[1] 的平静的圣像破坏运动，凭借其统计学和数学模式，正面地（并冷静地）反对艺术作品的学院崇拜，也同样反对鲁塞尔（Roussel）和阿尔托的狂热信徒的学院式反学院主义的违犯，这类违犯即便不是经过学院设计的，也是被学院容忍的。[而且我可以证明，艺术家对这本书的接受和理解比哲学家好得多。艺术家在他们的作品中，让自己的艺术信仰
29 和艺术游戏本身发挥作用，而哲学家只在表面上最彻底地摆脱了艺术偶像崇拜。因此，我不赞成一个观念艺术家在他的一个作品中使用一个统计表，就是担心其揭示（和批判）的内容会受到艺术的非现实化影响，这个统计表呈现了按照教育水平参观博物馆的期待值。]

没什么比把社会学遭受的命运与精神分析受到的对待（随便哪个二流作家或哲学家都通过表达他对社会学怀有的理所应当的不屑一顾，在客观上和主观上提高自己的地位）进行对比，能更好地衡量社会学的结构失信了。社会学，

[1] *L'Amour de l'art. Les musées d'art et leur public*, Paris, Minuit, 1966 (avec Alain Darbel et Dominique Schnapper).

如同一切从属于它的东西，都在知识世界中受到了结构失信的打击，社会学与精神分析还是有一些共同点的，比如科学地解释人类行为的抱负。正如萨拉·温特[1]指出的，精神分析披上了超历史的普遍性和高贵的外衣，这种普遍性和高贵传统上是被赋予希腊悲剧的，希腊悲剧被学校教育传统巧妙地非历史化和普遍化了。通过把新科学纳入索
福克勒斯（经典教育的至尊之一）悲剧的世系，弗洛伊德 30
授予它学院贵族证书。拉康通过回到希腊本源，提出索福克勒斯悲剧的新阐释，他恢复了这个世系的活力，这个世系也被一种兼具马拉美和海德格尔的晦涩和大胆的风格所证明。但这只是解释作为“灵魂治疗”的精神分析与唯灵论（甚至更确切地说是天主教）的（至少表面的）相似性的因素之一。可以肯定的是，精神分析至少在70年代的法国，处于最高贵、最纯粹的智识活动一边，总之，与社会学截然相反。作为关于民众事物的平民科学的和通俗唯物主义的科学，社会学，尤其在拥有古老文化的国家，通常被视为致力于人类生活的最庸俗、最常见、最共同之方面的粗浅分析，而它对被当做参照或对象的人文主义文化的

---

① Sarah Winter，*Freud and the Institution of Psychoanalytic Knowledge*，Stanford，Stanford University Press，1999.

追根溯源，远远没有产生一种博取好感（captatio benevolentiae）的作用，反而被用来增强真正信徒的愤怒的、亵渎神圣的僭越或侵犯。

法国大学过分沉浸在对知识场的文学迷恋中，并过分
31 关注报纸的看法和认可，无法为研究者提供大西洋彼岸自主的和自足的大学场所保证的东西，这个大学场具有不同学科的专家的严密网络，既灵活又严格的科学交流形式，研究班，非正式研讨会，等等。这一整套连贯的特定制度能够提供足够的保障，以阻止人们去追求不纯洁的声誉和大学以外空间的虚假承认，并避开数不清的随笔作家的不适时的侵入，这些随笔作家，这些“涂鸦者”，如同 19 世纪人们评论蹩脚的画家时所说的，延续了高等师范学校文科预备班的过度抱负，依靠别人的劳动过着半抄袭的寄生生活。（如果我们本着完全现实的态度，我们可以承认，从长期来看，他们在曾从中汲取养分的研究成果的传播中扮演了一个角色，但他们同时也掩盖了这些成果。他们靠这些成果获得了创新的表象，这种表象造成了他们的成功，特别是在国外的成功。）这就使我在把我的科学研究的总体
32 风格与阿伦·西考莱尔这个美国研究者的总体风格进行对比时，没法不带点嫉妒地发现，一种既令人振奋又要求严

格的科学环境在他那儿扮演了不可替代的角色，我的研究与法国以及其他几个欧洲国家的高贵人文主义传统经常是有分歧的，而我与西考莱尔不仅对某些特别的对象比如教育系统有共同的兴趣，而且都意图创立一种唯物主义认识理论。

其实，我暗想，我们的研究团队在大学场外部，但尤其在内部、在这个场的最不自主的区域，不断遇到这么多困难，是不是来自于这个事实，即这个团队力图以一个世纪前的涂尔干主义者的方式，并以类似的困难为代价，引入集体劳动的严格而朴素的逻辑与随之而来的风气。于是它变成了一个陌生的机制，对所有这些人产生了威胁并使他们感到忧虑，他们只能以一种半黑手党式的串通为代价，不自量力地过智识生活，因为这种串通能够提供迎合他们篡夺身份、侵吞文化资源、在文学或哲学写作上进行伪造的一种社会理由。实际上，我认为，我引起的大部分的消极或敌对反应既来自于我的谈话和作品的批判内容（当这种内容触及知识旨趣时，显然并非无效），也来自于我组建的团队的存在，尤其是它的特性——这一点，随着大学场相对于新闻场的自主性日趋减弱越来越明显。流言飞语或报纸提到这个团队时，总是用政治收编（几年前《解放报》 33

写我的一则短文恰好谈到了“阿尔巴尼亚”）或宗派联合的隐喻来描述它。若不是对此感到恐惧或愤怒，人们不认识也不理解的，是智识的和感情的强烈融合，这种融合是在不同程度上并以随时代而不同的方式，把团队成员集中起来，分享一种思想劳动的组织方式，这种方式与文学的（和相当巴黎化的）创造观念截然相反，因为文学的创造被看作是孤立的研究者的个人行为（这种观念使得知识上缺乏训练和装备不足的人喜欢单独劳动的痛苦、怀疑并往往还有失败和贫乏，胜过他们视之为一种集体事业的非个人化异化的东西）。

知识和道德的紧密一体化支持一种既快乐又高产的集体劳动，没有这种落到主持者身上的永久激励和凝聚作用，这种一体化就行不通？如何否定这一点？主持者是某种乐队指挥或导演，甚或，更谦虚地说，是人们在体育领域所说的教练，作为报答，受鼓舞的团队通过向教练表达感激之情而赋予他“超凡魅力”的权力？有必要说出这一点吗，即这种
34 一体化与一种动员分不开，这种动员反对某些知识对手，赞同某些科学与政治密不可分的事业？不夸张地说，中心①的

① 指从60年代初以来，布尔迪厄领导和/或主持的高等社会科学研究院的研究中心。

成员作为普遍性的战士，或按照胡塞尔的说法，作为“人类的公务员”行动，他们意识到，自己以报酬尤其是信息的形式从集体中受益颇多，他们一心想着归还。自然而然地，支持这个团队的不假装正经的、但也许有点过分认真和过分紧张的严肃性，还有它在研究和出版方面设立的高标准，无法被所有这些人理解和赞同，因为他们在研究领域，表现出这种“与角色的距离”，法国的高雅知识分子可通过这种距离被辨认出来。这就是为什么这个团体在其存在中，同样也在其产品中，包含了某种类似于挑战和质疑的东西。学派的作用，无论是真实的（如风格的相似性，在风格这个词的所有意义上），还是幻想中的（如“小圈子”或“宗派”的神话），只能支持、鼓励并无论如何证实了模仿和区分举动， 35
但尤其还有抵制，抵制可能发展到被有权决定机制的再生产的所有机构排斥，更不用说由强大的对手或多或少协力传播的流言和谣言造成的象征侵犯（既在大学里也在新闻界），这些流言和谣言时不时出现在报纸的短评或文章中。

三

36 场的作用一方面通过与全部或部分介入到场中的人（而且他们本身也是一种习性与一个场之间关系的许多不同或敌对的体现）的冲突实现：可能性空间通过实施“引力”或“斥力”的若干个体实现，“引力”或“斥力”取决于他们在场中的“分量”，也就是他们的可见性，也取决于习性或大或小的相似性，这种相似性导致人们认为其思想和行为给别人“好感”或“反感”。［与只看作品的后代不同，当代人通过报纸、电台，今天则通过电视，但也通过谣言和流言，对一个人的全部，他的身体，他的风度，他的衣着，他的声音，他的口音（这么多特征，除了明显的例外，叙述不会留下什么痕迹的），但也对他经常交往的人，他的政治立场，他的爱情和他的友谊，等等，拥有一种直接的

或近乎直接的经验。] 这些好感和这些反感与这个人及其作 37
品有关，是许多智识选择的原则之一，这些选择既是模糊不清的又往往被当作不可解释的，因为它们牵涉两个相关的习性。

萨特把“50年代法国高等师范学校学生哲学家”的世界观推向极盛——我可以说推向顶点，我曾一度赞同这种世界观，尤其是他在《存在与虚无》中看待人文科学——心理学、心理分析，更不用说他很正当地未谈及的社会学了——的傲慢态度，此后，我离开学校教育空间，并为了摆脱这个空间，我开始反对萨特的事业对我而言所代表的一切，构建自己。我最不喜欢萨特的地方，是把他不仅变成“全能知识分子”，而且变成理想知识分子即知识分子的典型形象的一切东西，尤其是他对自由知识分子神话的绝无仅有的贡献，这种神话为他赢得了所有知识分子的永久认可。(我对卡尔·克劳斯的好感来自于这个事实，即他为萨特构造并规定了一种基本德行的知识分子观念，加上了批判的反思性：许多知识分子都对世界提出了质疑，但很少有知识分子对知识世界提出质疑。这是很容易理解的，如果人们看到，这样做不可能不 38
冒风险地把客观化武器反过来对准自己，甚至更糟，可能遭到人身攻击，这种攻击力求从根本上，也就是从人格、品行、道德上摧毁某个人，这个人仅仅通过他的干预就把自己树立为被指责的活靶子，尽管他本人是无可指责的。）

但是，我永远不会站到一些人的阵营中，这些人今天颂扬萨特之死和知识分子的终结，或者，他们以更微妙的方式行事，创造出从未存在过的萨特/阿隆组合，把（理性和洞察力的）荣誉颁给后者。其实，怎么可能看不到（阿隆本人知道无共同尺度的）两个形象之间相似性比差别大得多呢？从某种不管怎么样使我感到他们彼此声息相通的东西开始，我想说的是我称之为大资产阶级少年的天真甚或无邪的东西，他们在一切方面都取得了成功。（如果我无法证明萨特是什么样子，我对雷蒙·阿隆还是相当了解和热爱的——这还用说吗？这足以证实，当代世界的冷静而幻灭的分析者掩盖了一个敏感的、甚至温柔的和感伤的人，以及一个天真地相信智识权力的知识分子。）这类由天意决定的神童是一种决定性的学校教育制度的产物，这种学校
39 教育制度给予其“精英”一种无条件的认可，比如把学校教育招聘考试（哲学教师学衔考试）变成一种智识认可的机制（应该看看西蒙娜·德·波伏瓦在其回忆录中是如何

谈论这一切的[1]），他们 20 岁时就被赋予了天才的特权和义务。在经济和政治上衰退，但同样总是在智识上自信的法国，他们能够天真无辜地致力于完成大学和整个大学传统赋予他们的任务，大学传统被对其普遍性的确信也就是一种普遍的智识权威占据。他们仅仅拥有智识装备——只要观察一下他们作品的脚注，就可看到他们丝毫不受实证知识的困扰，他们能够面对最宏伟的知识任务，比如在哲学上创立社会科学或历史科学，或断然地决定政治制度或人类未来的终极真理。但是他们无限制的自信是以无条件地承认与他们的尊严相关的义务换来的。

没人比萨特更相信知识分子的使命，在为这个利害攸 40
关的神话带来社会信仰的力量方面，没人比他做得更多。萨特本人在他的辉煌中，既是这个神话的生产者又是其产物，既是这个神话的创造者又是其造物，我认为（无疑通过同一种纯洁作用），应该不惜一切代价捍卫这个神话，不顾众人反对，也许首先要反对一种对知识世界的社会学描述的社会学主义阐释：即使知识分子及其普遍使命的神话对最伟大的知识分子仍旧过于宏大，但它是历史理性的计

① Simone de Beauvoir, *La Force des choses*, Paris, Gallimard, 1963.

谋之一，这些计谋使得对普遍性利益最敏感的知识分子能够最终以某些动机的名义，推动普遍性的进步，而这些动机可能丝毫没有普遍性。

另外一座“灯塔”（这个比喻也许很普通，尽管波德莱尔用过，但对一个新来者而言，它很好地表达出了某些若不是总被当成模范至少是被当成标志的人物代表了什么），一个差不多完全相反的人物是乔治·康吉扬，他对我设想以其他方式过知识生活的现实主义可能性帮助很大。无疑在与萨特的关系中，在这个人身上及其作品中显示了某种
41 东西，这种东西会引起整整一代法国思想家的钦佩和热爱。乔治·康吉扬对加斯东·巴什拉的作品进行了一种令人钦佩的介绍[①]，扩展了巴什拉的作品，因此对历史认识论，或更确切地说，对认识论的历史化，对科学概念的生成及其历史障碍的严格分析，尤其通过对科学思想的病理学、伪科学以及科学特别是生物学的政治功用的临床描述，作出了一种决定性贡献。由此，他无疑代表了人们所说的法国的理性主义传统的精华，因为法国理性主义植根于一种政治传统，或更确切地说，植根于一种公民传统，尽管在

---

① Georges Canguilhem, *Études d'histoire et de philosophie des sciences*, Paris, Vrin, 1968.

我看来，它是真正普遍性的（正如它通过科伊雷和库恩在大洋彼岸取得的成果所证明的）。

对我而言，也对许多其他人而言，令他成为一个模范形象的，是他的不协调，姑且不提他加入了抵抗组织：尽管他曾在大学系统中心占据了表面上最合适的位置，他并不完全属于这个世界，不过，这个世界给了他所有认可标志，他也对这个世界尽了所有义务。他不过是既不讨好也 42
不夸张地，同时也是不让步地完成了他的教师和哲学教师职能：他从不充当哲学家。那些回忆他的人提到了他刺耳的声音和他的口音，他的声音和口音总使他显出一副怒不可遏的样子，比如睥睨的眼神，伴以讥讽的笑容，他就以这种表情对学院风气进行毫不留情的评判。他被一种地区的和一种环境的传统打上了印记，在这种传统中，正如音调的变化或目光的严厉所证明的，身体总是投入到言语中，并在言语中起作用。他根本不打算进入某些人以为的哲学是不负责任思想的无动机游戏之中，或让思想家诗人着迷的、对荷尔德林—海德格尔思想的神秘文学颂扬之中。

他喜欢上了我，出于一种本身说不清楚的好感冲动，这种好感植根于习性的相似性。我记得，取得学衔之后，他为我推荐图卢兹中学的一个教职，以为把我送到“地方上”会让我非常高兴，但看到我（为了选择使我接近克莱蒙-费朗和朱尔·维耶曼的穆兰中学）拒绝了，他感到非常惊讶，而且有点震惊。当我想写论文的时候，我去找他，
43 而不是像其他人一样找让·伊波利特，这是出于一种认同关系，这种关系的许多迹象使我相信，这种关系是双向的（他曾为我规划了以他为模板的大学和学术前途）。接下来，我去福尔路他的办公室看他时，他让我待了整整几个下午（他从书柜里翻出了一些往往有亲笔题词的外国著名学者如坎农的单行本，送给我），我直到夜幕降临才离开。我惊奇地看到，当我们从最有技术性的哲学或科学主题转到最琐碎的生活问题时，他的思想和他的言语并没有经历这些令我如此失望的反差，而在我认识的许多其他哲学家身上，我看到了这些反差（某些人谈论康德或马尔布朗什时异常绝妙和深刻）。他以一种异乎寻常的快乐表情，说起在我看来具有高贵的自由和深邃的智慧的事物。

一段不睦之后（他很怨我没有接受他在图卢兹的皮埃尔-费玛中学为我保留的职位，他就是在这所中学起步的），我们恢复了联系，在 1968 年 5 月的日子里，我们经常聊天，这段日子对他是个考验：他属于这些为学校付出一切
44 的奉献者中的一员，这些人把（我这一代的）他们的学生

对于学生运动的同情当作一种源自机会主义或野心的背叛。他对我说，他多么难以适应学校教育（比如，当他作为新寄宿生来到卡斯代尔诺达里中学时，他不知道厕所是什么），无疑他是值此之际发现这一点的。在我看来，他第一次意识到把他与他的高等师范学校同学萨特或阿隆（后者打网球，水平很高，而他玩橄榄球）分开的东西，尽管共和学校的一体化力量导致他忘记或压抑这种东西，但这种东西也许是这种愤怒的根源，这种愤怒在最热情的彬彬有礼的外表下，似乎永远占据着他，并且，面对某些形式的傲慢无能，有时爆发出来。

他把舞台的正面留给了别人：他们徒然地称赞他的谦逊、他的正直和他的严格。他偶尔为《图卢兹快报》写稿（暑假里我第一次读到他在这家报纸上写的东西），而其他人为巴黎大报写稿；他抵抗（我说的不只是德国占领时期）与时代的各式各样的妥协。那些不原谅他的无情评判或他 45
的存在本身的人，甚至可以责备他把“官员”职能执行到底——他依次当过高等师范学校文科预备班教师、全国教育总监、大中学学衔考试评委会委员，而不是从事更符合自由哲学家形象的活动。他从未接受访谈，从未在电台或电视上讲话。（经证实，我得知这属于一种深思熟虑的立场：一个共同的朋友告诉我，若有什么例外，这可能是为了我。一天我向他提出做一次访谈，他带着一丝不快的笑容，问我到底急于知道什么，然后他对我讲了一大堆非常私人的事情，我从未读过也没听过的事情。但他有意在我们站着的时候说话，而且是在圣热纳维耶芙山的一条小路上，也就是说在任何记录形式都被排除的条件下说话。）

尽管乔治·康吉扬和其他哲学家如维耶曼或我那一代的让-克洛德·帕里安特（Jean-Claude Pariente）、昂利·若利（Henri Joly）、路易·马兰（Louis Marin），至少在哲学与社会科学之间漫长的过渡阶段（在发表之前，我把所写的东西给他们看，我对他们谈我的研究）不间断地构成
46 了一种学术生活，但真正的学术生活在别处。为了重建呈现给我的可能性空间，应该从描述出现在我面前的社会科学的状态，尤其是不同学科或专业的相对位置开始。这个时期的社会学是一个封闭的世界，所有位置都分配好了：首先是老一代，乔治·居尔维奇（Georges Gurvitch），他以相当专制的方式掌管巴黎大学；让·施特策尔（Jean Stoetzel），他在巴黎大学教授社会心理学，并领导社会学研究中心和法国民意调查所，同时掌管着国家科学研究中

心；最后是雷蒙·阿隆，他刚刚到巴黎大学任职，对自发地关系性的本地认识而言，似乎为试图摆脱居尔维奇的理论主义社会学与施特策尔的科学主义的和美国化的心理社会学的取舍的人提供了一条意想不到的出路。接下来，是上升的年轻一代，他们全都四十岁左右，按照专业来分派研究和权力：劳动社会学，阿兰·图海纳（Alain Touraine）、让-达尼埃尔·雷诺（Jean-Daniel Reynaud）和让-勒内·特雷昂东（Jean-René Tréanton）；教育社会学，薇薇亚娜·伊桑贝尔（Viviane Isambert）；宗教社会学，弗朗索瓦-安德烈·伊桑贝尔（François-André Isambert）；农村社会学，昂利·芒德拉（Henri Mendras）；城市社会学，保尔-昂利·雄巴尔·德·洛维（Paul-Henri Chombard de Lauwe）；娱乐社会学，若弗尔·迪马泽迪耶（Joffre Dumazedier），无疑还有我没提到的其他几个外省的次 47
要的或边缘的研究者。这个空间的标志是三四种新近创立的重要杂志，施特策尔和第二代的几个“同谋者”主管的《法国社会学杂志》（几年之后雷蒙·布东接管了它），居尔维奇主管（后来由乔治·巴朗迪耶继承）的《国际社会学手册》，阿隆创立并由埃里克·德·当皮埃尔（Éricde Dampierre）相当严格地主持的《欧洲社会学档案》，以及几本不怎么有建构性的次要杂志——有点像在老先生一边的乔治·弗里德曼（Georges Friedmann）、《劳动社会学》和《农村研究》。在社会科学场中显示新意的一切，当时都集中在由费尔南·布罗代尔主持的高等实验研究院中，尽管他对我关于阿尔及利亚的早期研究给予了批评，因为他觉得我太不重视历史了，但他总是给予我非常友好和非常信任的支持，无论在我的研究上，还是在欧洲社会学中心的管理上，还有在一切方面都支持他（有时赶在他前面）的无与伦比的学术指导者——推动者克莱芒·埃莱尔（Clemens Heller）。

［雷蒙·阿隆在他的回忆录中写我的段落是对我与他的长期关系的一种有点片面的描述，1960 年，在上校们发动军事政变前夕，他让我担任他的助手，允许我紧急返回巴
48 黎，这是难忘的恩情。（此前不久，我听从阿尔及尔学院的希腊哲学教师克雷芒丝·朗努的建议，与他建立了联系，克雷芒丝·朗努是他在高等师范学校的同学，她建议我请他指导我从事的关于阿尔及利亚的研究工作，最终做成一篇博士论文。尽管我有其他目的，他依然非常热情地接待了我——我们再次看到了高等师范学校在我的前途得以构成的表面偶然中扮演的角色。）他的分析是一种追溯的重

建，这种重建受到与最终的危机相连的苦涩之左右，并根源于一种对某些事件（尤其是与他女儿入选高等研究院有关的事，他的女儿曾与我一道学习和工作过）的有选择的和相当不清楚的认识，正如他暗示我会那样对待我的弟子所证明的；他对这些事件只有一种非常不完全的认识和理解，没有人像他那么早、那么彻底地对我予以认可——这甚至体现在他对我的经常的责备上。通过这种责备，他说出了对我的担心："您像萨特一样，您建立概念体系太早。"我记得那些漫长的夜晚，在帕西码头他的房间里，他非常友好而平等地与我讨论提纲，这无疑建立在高等师范学校学生的友爱基础上（这种友爱导致几年之后《继承人》[1] 49
出版后的1968年前夕，我们的关系变得紧张时，他竟然对我以"你"相称，这让我很不自在）。也许也由于康吉扬对我表示尊重，他跟康吉扬谈到了我。

有一段时间，博士论文让我不堪重负。博士论文的逻辑迫使我在真正要说的东西（即实践理论，博士学位的想

---

① *Les Héritiers. Les étudiants et la culture*, Paris, Minuit, 1964 (avec Jean-Claude Passeron).

法全然放弃之后，它成了《实践理论纲要》[①]）前面，加上了纯粹学校教育式的两大部分。一部分是受到现象学启发的关于社会世界的最初经验，另一部分是关于语言的和通过转换而来的文化的结构主义观念。我向他提议把用作《阿尔及利亚的劳动和劳动者》与《背井离乡》之基础的研究集中在一起，再加上关于阿尔及利亚家庭的家庭经济的第三部分，这个部分建立在一项丰富的统计学调查（它得
50 到了全面的分析，目前沉睡在法兰西学院的壁橱里）基础上。他对我说：“这不值得您这么做”。这种提醒是真诚的和非常慷慨的，但也是非常模棱两可的，它体现了人们不知不觉所实施的象征暴力的典型形式，因为人们在实施这种暴力的时刻和行动中，也在遭受这种暴力。他非常珍视我与他的关系，我不想再谈这种关系，我想，原因之一在于，我的原则是从不对他撒谎，与此同时或多或少有意地强调一致的观点，怀着几乎有意识地、无疑有点天真的意图，希望通过这样唤起批判的微弱愿望或潜能，为他服务，他可能借这种愿望或潜能接近知识分子中最活跃的人。这

---

① *Esquisse d'une théorie de la pratique, précédé de trois études d'ethnologie kabyle*, Genève, Droz, 1972; réédition, Paris, Seuil, 2000.

些人总是令他着迷（他多次并以多种方式显示出他对萨特保有的巨大仰慕），但我从不掩盖不一致的观点，尤其在政治上。若我们的“决裂”发生过（我时不时地在无休止的讨论中重新看到他，这些讨论足以令他的保守派朋友担忧，他们在1968年后“又把他争取过去了”），原因也不是我说不上来的什么政治或其他分歧，而是一种悲伤，这种悲伤是与他对我怀着的无疑过度的友情成比例的，他觉得我辜负了他的友情。]

列维-斯特劳斯创立并主管的《人》杂志，占据了一个 51
特别突出的统治地位，尽管它几乎专门致力于人种学，但它对一部分新来者（包括我）仍有很大的吸引力。人种学的突出地位和社会学的被统治地位由此显示出来。甚至应该说社会学是双重被统治的：它在硬科学场中是被统治的，它很难让人接受，而人种学，则通过列维-斯特劳斯努力让人承认它是名副其实的科学（尤其利用对当时处于顶点的语言学的参照）；它在大学场中也是被统治的，“人文科学”仍然留给了许多依旧充满法定自信的哲学家以及一心要高雅的文人、迟来者和暴发户。在这个非常或过分殷勤的，或如伊薇特·德尔索（Yvette Delsaut）所说的“不大吓人的”学科中，人们发现一小群教师和一批（实际上不太多）

研究者不足为奇。这些教师传授学科史，而且不大做研究；这些研究者从属于国家科学研究中心和其他几个机构，他们的学校教育出身五花八门（在第二代入门时，社会学学士学位尚不存在），尤其致力于无论理论还是经验装备都很差的经验研究——这些都是一种（尤其从水平来看）异乎
52 寻常的分散的迹象和因素，这种分散不利于建立一个理性的讨论空间。我觉得，把社会学说成贱民学科并不过分："贬值"在一个毕竟非常关注并操心政治的知识环境中，影响了触及社会事物的一切，它最终加强（或创立）了在大学场中的一个被统治地位，但许多介入，尤其是加入共产党，仍旧是远离社会世界的一种自相矛盾的方式。（这样，通过读弗雷德里克·马东蒂[1]的著作，我们会看到，集中在《新批评》周围的共产党知识分子如何得以在他们表面上对整个世界广泛开放的讨论中，再生产高等师范学校文科预备班和高等师范学校这个封闭的小世界的对立和等级的，路易斯·阿尔都塞无疑是这个小世界的典型形象。）

由于社会世界被忽略或被压抑，所以它在一个可能表

---

① Frédérique Matonti, *La double illusion*, La Nouvelle Critique, *une revue du PCF*, *1966 -1980*, Paris, La Découverte, 2004.

现得受到政治和社会现实困扰的知识分子世界中是不存在
的。严格意义上的政治干预，比如请愿、游行或宣言，甚
至对知识分子而言最冒险的政治干预，能够为其发起人带 53
来威望，而那些致力于社会世界的直接认识的人，则有点
受到歧视（人们知道历史专业的威望是随着所研究时期的
时间的后退而增加的）。而在苏联体制中，则暗中受到怀
疑：因此，阿尔都塞主义者通过把高等师范学校学生对学
校教育等级的意识与对“马克思主义”偏见的赞同有效地
集中在一起，谈论“所谓社会科学”。哲学家、作家甚或记
者，无论多么微不足道，无不感到自己有理由教训社会学
家，尤其涉及艺术或文学时，他们无不感到自己有权无视
社会学的最基本成果，哪怕就是谈论社会世界时也是如此。
而且他们无不深信，无论问题是什么，都应该“超出社会
学的限度”或“超越纯粹社会学的解释”，并且这样一种超
越是任何人都能理解的。

我对社会学场的认识也大大得益于这个事实，即把我
导向这个场的社会和学校教育轨迹使我产生了独特性。另
外，人种学家的经验是在一场解放战争的困难条件下感受 54
到的，它对我来说表现了与学校教育经验的一种决定性的

决裂。带着人种学家的经验从阿尔及利亚回来之后，我对社会学和社会学家产生了一种相当具有批判性的观念，由人种学家的观念强化了的哲学家观念，尤其也许产生了对知识分子的个人或集体立场的一种相当幻灭的或现实主义的表象，在我看来，阿尔及利亚问题成了这类立场的特殊试金石。

思考和说出这种经验，尤其是这种悲惨的形势体现的对智识和个人的挑战，对我意味着什么？这并不容易，因为这种挑战并不被局限在道德和政治的日常抉择中。我拒绝到预备役军官学校教书，部分原因无疑在于我受不了把我与一般士兵分开的想法，也由于我对预备役军官学校学员候选人没什么好感，他们通常来自高等商业学校或者是法学家，我跟他们没有一点儿相同之处。在夏特尔经过三个月艰苦的军事训练之后（我必须在叫到我名字的时候出列，在集合的队伍面前领《快报》，《快报》成了阿尔及利亚一种进步政治的象征，我有点天真地订了这份报纸），遵照相当优待高等师范学校学生的一种手续，我到了凡尔赛
55 军队的心理处。但是与高级军官的激烈讨论，让我被派到阿尔及利亚去，他们想让我赞同“法国的阿尔及利亚”观点。空军组建了一个团，组成者是一种负责保护军事基地

和战略地点的低等步兵，包括马延和整个诺曼底的所有文盲和几个刺儿头（尤其是雷诺汽车厂的几个头脑清醒的和友好的工人共产党员，他们告诉我，他们对“他们的”高等师范学校支部感到多么自豪）。

在乘船期间，我试图对我的同伴灌输理论，但白费力气，因为他们充满了继承而来的军事回忆，尤其是那些越南故事，这些故事的主角是从背后攻击的危险的恐怖主义者（他们甚至在踏上阿尔及利亚土地之前，就通过接触负责教育的士官，获得并吸收了一般种族主义的所有词汇：恐怖主义者，费拉加①，费露兹②，小山羊③，小鼠④，等等——以及与之相关的世界观）。我们被分配看守奥尔良城附近平原上的一所大弹药库。漫长而艰苦。傲慢的青年军官，刚刚通过中学毕业会考就被征召而来，然后被吸收和提拔。其中一个人参加了《费加罗报》的填字游戏比赛，他当着所有人的面要我帮忙。我的同伴总不理解为什么我 56
不是军官。因为睡不着觉，我经常替他们站岗。他们让我

① 阿拉伯语，原意是“拦路强盗”，这里指反对法国殖民当局的阿尔及利亚民族解放阵线的士兵。——译者注

② 民间俗语，指阿尔及利亚民族解放阵线的士兵。——译者注

③ 种族主义者对北非阿拉伯人的蔑称。——译者注

④ 种族主义者对北非阿拉伯人的蔑称。——译者注

帮他们给女朋友写情书。我用蹩脚的诗句替他们写信。他们对等级制度以及这种等级规定的一切极端服从，这让我身上尚存的民众主义受到了严峻的考验，这种民众主义是由资产阶级少年享有特权的空闲的隐隐负罪感形成的，这种负罪感使我取得学衔之后立刻离开了高等师范学校，只为了去教书并有点用处，而我本该好好利用第四年的。

在服兵役的最后几个月，我开始对阿尔及利亚社会感兴趣，我父母通过住在邻村的一位贝亚恩上校的家人，请求他保护我。全靠这种保护，我才能摆脱我自己选择的命运，这种命运变得让我很难忍受。我被派往总督府的军事办公室，在这里遵守一个文职二等兵的职责和工作时间（起草信件，帮人写报告，等等），我开始写一本小书（“我
57 知道什么”丛书中的一本[1]），我力图告诉法国人，尤其是左派，他们常常一无所知的国家真正如何——这再次为了有点用处，而且也许同样为了消除对一场残酷的战争无能为力的证人的负疚之感。我对自己说，我最初不过临时从事人种学和社会学，一旦这项政治教育工作完成之后，我就回到哲学（而且，在我写《阿尔及利亚的社会学》以及

---

① *Sociologie de l'Algérie*，Paris，PUF（coll. Que sais-je?），802，1958，réédition 2001.

我从事最初的人种学调查的整个时期，我每天晚上都继续写关于胡塞尔时间经验的结构的文章)，我完全奋不顾身地投入到一项事业当中，不怕辛苦也不怕危险，而这项事业的赌注不仅仅是智识上的。(这种转变无疑因为这个学科已获得的异乎寻常的威望而变得容易，多亏列维-斯特劳斯的成就，这个学科甚至在哲学家那里都获得了异乎寻常的威望。列维-斯特劳斯也促进了这种高贵化，因为他以英语的人类学名称代替了这个学科的传统称呼，并因此兼有德语意义上的威望——福柯此刻正在翻译康德的《人类学》① ——和盎格鲁-撒克逊意义上的现代性。)

但是，在我极端的投入中，也有一种放弃哲学那诱人荣誉的近乎牺牲的意愿。很久以来，无疑受我原始的配置指引，我努力摆脱人们当时与哲学连在一起的大部分事物所具有的非现实的、若不是虚幻的东西：我趋向科学哲学，科学史，扎根科学思想最深的哲学家，比如莱布尼茨。我曾经向康吉扬提交了一个关于“情感生活的时间结构”的论文题目，我打算既依靠哲学著作（如胡塞尔的著作），又依靠生物学和生理学的研究成果。读莱布尼茨的著作迫使 58

---

① Emmanuel Kant, *L'Anthropologie du point de vue pragmatique*, Paris, Vrin, 1964.

我学数学（微分学和积分学、拓扑学）和一点逻辑学，我在莱布尼茨的著作中，找到了反应性认同的另一个机会。[我想起自己对这种既愚蠢又可笑的评论的愤怒，因为这种评论总是以宏大的笔调写出，伊波利特对莱布尼茨的《评注》（*Animadversiones*）的一个章节，关于一个“无限长度的有限表面”进行了这种评论，积分学有助于认识这个表面，他以对拉丁原文犯下的一个明显的语法搭配错误为代价，把“无限长度的有限表面”变成了更加形而上学的“有限长度的无限表面”。]

59 因此，回想起来，我明白了这一点，即我从事社会学和人种学，在某种程度上是出于对经院观点的深恶痛绝。经院观点是一种傲慢、一种社会疏远的原则，我在这种社会疏远中，从没能够感到自在，无疑与某些社会出身相关的与世界的关系使人倾向于这种社会疏远。这种姿态令我不快，而且很久以来，我拒绝与关于哲学的大学哲学思想相连的世界观，这种拒绝无疑有力地把我推向社会科学，尤其是某种从事社会科学的方式。但是我很快发现，人种学，或至少是设想人种学的特定方式，也使我以相当自相矛盾的方式远离社会世界，甚至在弗洛伊德的意义上“否认”社会世界，并由此把社会世界审美化，因为这种特定方式是由列维-斯特劳斯代表的，浓缩在他的“遥远的目光”的比喻中。在我看来，两件轶事以寓言或传奇的方式非常确切地说出了人种学与（至少我理解的）社会学之间的全部差别。在申请法兰西学院教席之际，我拜访了一位艺术史家，他对我充满敌意，不仅出于政治原因（我出版 60
《哥特建筑与经院思想》[①] 的时候，他曾在《世界报》的头版上发表了一篇针对帕诺夫斯基的相当不怀好意的文章），为了诋毁我，他曾造谣说，我是共产党员。他对我说：“多么遗憾，您没有只写卡比利亚房屋!”道德和政治科学学士院是最保守的法国文化机构之一，其常任秘书，一个埃及学家，非常看重这种事。他在入院的接待会上——我没有拜访他，他不在巴黎——暗示我在学院批准我入选法兰西学院的表决中获得了不同寻常的票数（两票）（这种表决是纯粹形式上的程序，尽管过去出现过几个“意外”，但无关紧要，这些“意外”与布莱兹和梅洛-庞蒂的名字相连，前者不知是真是假，得了两票，后者得了三票）：“我的同事（或同仁，我记不清了）不大喜欢您写高等师范学校毕业生的已故名人录的事情。”（他暗指一篇关于“职业理解力的

① Postface à Erwin Panofsky, *Architecture gothique et pensée scolastique*, Paris, Minuit, 1967.

范畴”[①] 的文章，我在这篇文章中把高等师范学校毕业生在年报上发表的已故名人录当成了对象。）在这里，我们看
61 到了社会学与人种学之间的往往不易察觉的距离，特别是当社会学面对最棘手的现实时（这种现实不一定出现在人们以为的地方，也就是政治领域），而人种学无论对作者还是对读者，都准许甚或鼓励唯美主义态度：这种无现实赌注的、纯粹理论性的科学，从未彻底地与文学游记的传统和对异国风情的艺术崇拜决裂［列维-斯特劳斯的《忧郁的热带》[②]，但莱里斯（Leiris）或梅特罗（Métraux）的大部分作品就属于这个流派，他们三人青年时代都与先锋派艺术运动相连］，它充其量可能唤起社会无意识（比如我想到了性别劳动分工问题），但非常小心地，从不表现粗暴也不造成精神创伤。

［我想，尽管列维-斯特劳斯总是给予我非常慷慨的支持（是他与布罗代尔和阿隆一起，让我年纪轻轻几乎什么都没发表的时候进入高等实验研究院，而且第一个打电话对我说起法兰西学院），尽管他也总是对我的每本书都写下

---

① *Actes de la recherche en sciences sociales*，3，mai 1975，p. 68－93 (avec Monique de Saint Martin).

② Claude Lévi-Strauss，*Tristes tropiques*，Paris，Plon，1955.

非常友好和非常赞赏的评语，但他从未对我研究的基本方 62
向和我在人种学甚至社会学研究中形成的与社会世界的关系产生多大的好感（我记得他曾对我提出了非常天真的问题，尤其是针对艺术社会学方面）。在这方面，在对他抱有极大的敬仰并把自己纳入他创造（或重新创造）的传统中的同时，我很快就发现，在他身上，除了我在《实践理论纲要》和《实践意识》[①]中明确批判的客观主义之外，还有一种唯科学主义的自然主义。这种自然主义表现在隐喻和对自然科学——比如系统发生分类学——的往往肤浅的参照上，在他的作品中到处是这些隐喻和参照，这些隐喻和参照成了他关于社会现实的极度非历史化的观念的基础；自然科学对他而言，好像除了是一种灵感和“科学效应”的源泉，还是一种法则工具，准许他把一种建立在否认社会性基础上的社会世界观合法化（审美化也在否认社会性）。我记得，在他被一种批判的进步主义光轮环绕的那个时期——他与萨特和马克西姆·罗丹松（Maxime Rodinson）讨论马克思主义——他曾在高等社会科学研究院的研
究班上，分发泰亚尔·德·夏尔丹的一篇文章，让他的最 63

① *Le Sens pratique*, Paris, Minuit, 1980.

无条件的追随者目瞪口呆。但是极度的保守观念一向是他的思想原则，这种观念清楚地显露或体现在《遥远的目光》中，他赞扬德国和瓦格纳，称颂现实主义绘画，维护权威的和压制的教育。（1968 年，他写了一篇关于“学生造反”的相当平庸的文章，他把“学生造反”解释成一种代际冲突。1983 年 7 月在他关于马克·布洛克的讲座上，他以“自发主义”这个政治性多于科学性的模糊不清的概念，既批判 1968 年的学生造反，也批判对“结构主义”的批判。学生造反如同阿隆、布罗代尔、康吉扬和许多其他人一样，对他提出了强烈的质疑，而我尤其通过《实践理论纲要》促进了对“结构主义的批判”：他只能或只愿把这种批判理解为不及他在人种学上推行的客观主义观念的一种后退，也就是回到主观主义、主体及其实际经验，他试图使人种学从实际经验中摆脱出来，而我通过习性的概念，跟他一样彻底地拒绝这种实际经验。）

服完兵役之后，为了能够继续从事我已着手进行并越
64 来越让我为之牵挂的研究，我在阿尔及尔文学院取得了一个助教职位。而且，在学校大大小小的假期中，我可以从事人种学研究，多亏了国家统计和经济研究所的阿尔及利亚分部，我还可以从事社会学研究。我还可以说，在阿尔

及利亚度过的这些年中，我称得上是不断地下田野，或多或少地从事系统的考察（我由此收集了数百套服装的图样，试图把若干元素的各种可能组合与穿着者的社会特点联系在一起，这些元素是从欧洲服装和传统服装的不同变种，如小圆帽、头巾、灯笼裤等借鉴而来的），拍照片，偷偷记录公共场所的谈话（我曾一度试图研究从一种语言转换到另一种语言的条件，我有一段时间在贝亚恩继续这种实验，在贝亚恩对我来说更容易），与信息提供者谈话，搞问卷调查，查阅档案（宵禁之后，在廉租房办公室的地下室里，我整夜抄录关于服装的调查），掌管学校里的测验，在社会中心进行讨论，等等。有点狂热的求知欲鼓舞着我，这种求知欲植根于对涉及这个国家及其人民、风景的一切的一种激情，同时也植根于面对如此多的痛苦和不公的沉重而 65
持久的负罪感和抗拒感，这种求知欲从不间断，永无止境。比如我想到了那个相当阴沉的秋日，我去阿伊特希舍姆（Aït Hichem），大卡比利亚的一座村庄，那是我最初从事社会结构和仪式调查的地方。在提济乌祖（Tizi Ouzou），我们听到了机枪沉闷的噼啪声；我们下到山谷里，经过一条沿途布满烧焦的汽车骨架的道路；向上边山口爬的过程中，在一个转弯处，在路边的一个冲击堆顶上，有一个穿长袍的人，膝间有一杆步枪。萨义德很冷静，好像什么也没看到：作为阿尔及利亚人，他面临的危险也许比我更大。我们默默地赶路，我想的只是晚上回来还得经过同一条路。但是想要回到原地并证实某些关于仪式的假设的欲望如此强烈，我没再多想。]

完全投入并忘记危险丝毫不是由于随便什么形式的英雄主义，而且我以为，这植根于我体会到的极度悲伤和忧虑。这种悲伤和忧虑，以及辨别一个仪式之谜、采集一个游戏、观看这个或那个物件（比如，一盏婚礼油灯，一个老箱子或一座保存完好的房屋的内部）的愿望，或在其他
66 情况下，观察和证明的单纯欲望，导致我全身心地投入到使我有可能理解我的经验的狂热工作中，我是这种经验的卑微而贫乏的证人，我要不惜一切代价说明这种经验。如我亲身经历的那样不折不扣地说出若干境况和事件——也许是险情——并不容易，这些境况和事件让我极为震惊，有时甚至回到我的梦里——不仅指那些最极端的，比如这个人在一所白神父[①]修道院的一间纯白小屋里对我讲述的事情，他对让我难过表示歉意；或者另一个人，在阿尔及

---

① 对北非的一种基督教使团的神职人员的特定称呼。——译者注

尔海堤的尽头，讲述法国军队对他们实施的酷刑，这样就没人能听到。[在杰马萨哈里山（Djemaa Saharidj），我去收集关于财产分配的材料——在阿伊特希舍姆没做成，因为我在那儿只能制定不同世系在村庄空间中的分布图——我到达的那天，白神父们不在那儿（我忘记那天是礼拜日，他们都去望弥撒了）；沿着修道院上方的一条路一直走到一片小树林中，我发现一位卡比尔老人，瘦长脸，鹰钩鼻，漂亮的白胡子——他让我想起了我的外祖父——他忙着在柳条筛上晒无花果；我开始跟他谈仪式和 lakhrif，鲜无花果和战斗季节……忽然，我觉得他奇怪地显出不安的样子。一声枪响，很近，他依然彬彬有礼，但很快消失了。几天 67
后我通过一个年轻人得知，这片树林是国家解放军队[①]的士兵平时午休的地方，他们开了一枪，让我们明白应该走了。这个年轻人在白神父那里干点小差事，我跟他聊了很多。几天之后，我已经对村庄很熟悉并受到居民们很好的接待和招待，这无疑由于我的主人——两个白神父的保护。其中一个是德武尔德神父，身材高大，大白胡子，非常友好，我记住了他的名字，因为他是关于卡比利亚壁画象征

① 民族解放阵线的分部。

性的极出色的研究者，我在研究中使用了大量这类壁画。另一个更年轻，与民族解放军队有联系。这时，忽然来了一阵激烈的骚动，法国士兵（在他们身上我不难认出我自己，因为一年前，我还穿着他们的军服）排成纵队，经由一条通向山区的低洼道路前进。我通过我的年轻朋友（他本人则通过围着士兵转的孩子）得知，他们出发寻找一个藏匿处，他们猜想民族解放军队在山坡上开会和保存档案。
68 我在村里的男人和女人中间，留意着他们的行进，村民们跟我一样，希望他们在晚上之前到不了藏匿处，希望藏身者能够逃跑。事情就是这样发生的。但次日，藏匿处被找到了，还有文件，文件就在那儿，包含了全国所有支持民族解放军队的人员名单。我的朋友直接受到了威胁，他请求我开车带他走。次日我出发了，而我的工作远远没有完成，我们通过了军事封锁线，中间有些恐慌，但都有惊无险。]

在战争的状况下从事社会学调查，强迫人考虑一切，掌控一切，尤其是那些调查者与被调查者之间的普通关系中自然而然的东西：调查者的身份，调查单位的组成本身——单独一个人或两个人，如果是两个人，一男一女，就是一个阿尔及利亚男人和一个法国女人，等等（我曾在

《劳动和劳动者》第二部分的前言中提到了这种研究规划强加给我的些许思考)；调查的意义对被调查者本身前所未有地构成了问题（是不是警察或间谍?)。普遍的怀疑：许多次，情报员在调查者之后接踵而至，调查后者进行的询问的性质。[整整一个时期，每天早晨，当我开车出发到萨兰 69
比埃果园（Clos Salembier）的贫民区从事调查时，我都被一辆警车跟踪，一天，我被特别行政处[①]的年轻官员召见，他负责这个想知道我在做什么的部门。]

人在这样一种情况（其他人种学家也遇到了这种情况，比如菲利普·布尔古瓦调查贩毒者[②]或马丁·桑切斯-扬科夫斯基[③]调查洛杉矶的黑帮）下，只有通过一种永久的和实践的反思性才能在本义上苟活下来，这种反思性在极端紧急和危险的条件下，能够即刻理解和评估形势并或多或少地有意动用从早期社会经验中获得的知识和技能。[我在后来的研究中采取的批判警觉，无疑在这些情况下的最初

---

① 法国政府成立的机构，战争期间由军队控制，以确保对农村人口行使一种行政、社会和监督的功能。

② Philippe Bourgois, *En quête de respect. Le crack à New York*, Paris, Seuil (coll. Liber), 2001.

③ Martin Sanchez-Jankowski, *Islands in the street: Gangs in Urban American Society*, Berkeley-Los Angeles, University of California Press, 1991; «Les gangs et la presse. La production d'un mythe national», *Actes de la recherche en sciences sociales*, 101-102, mars 1994, p. 101-117.

70 研究经验中找到了根源，在这些情况下，什么都不是自然而然的，而且一切都不断地受到质疑。由此，还是在这个方面，当民意调查专家们（也就是远距离的和间接的调查专家们）被我（纯粹从科学上）反对他们的做法所激怒，以傲慢而幼稚的批判反对类似于《世界的苦难》[①] 的调查时，我忍不住感到恼火，因为《世界的苦难》的调查采用了全部已获的经验。]

于是，我对这一天有着非常清晰的回忆，在科洛半岛的一个聚集中心，调查的命运，还有调查者的命运，一度依赖于我对一些人提出的问题给出的答案，而他们正是我们希望跻身其中从事调查的人。一切都从阿尔及尔的巴伯阿宗路的统计学院开始，阿兰·达贝尔是国家统计和经济研究所所长，他负责从聚集中心“抽取一个样本”——由于缺乏关于发源地人口的信息，这种做法几乎没有任何意义。他更支持“法国的阿尔及利亚”，非常反对社会学家闯入国家统计和经济研究所的至圣殿堂，他似乎偶然指定两个相当“棘手的”地区，奥尔良城附近的马特马塔斯，以
71 及民族解放军队全面控制的科洛半岛，他们一度想在那里

① *La Misère du monde*, Paris, Seuil, 1993 (*et al.*).

建立一个临时政府：这是所谓“夏勒”——装甲车、直升机和伞兵——的重大“平定”行动的主要目标之一，这些行动既是毁灭性的，又是徒劳的。尽管我意识到了危险，而且我隐约意识到了选择的专断（我在出发前向达贝尔说明了这一点），我还是决定到科洛去，带着一支小队，两个“自由派”阿尔及利亚法国学生（“自由派”这个词在此地此时，也就是大致上支持阿尔及利亚独立的意思），其中一个，再也无法忍受紧张气氛，宁可在调查开始之前离开。一个阿拉伯青年，告诉我们他是学法律的大学生，却没有任何文凭，他显示出他是一个不同寻常的调查者，还有萨义德，他是我在学院的学生，他本人也加入了“自由派学生”运动。我的多菲纳车开了很久。康斯坦丁有围城的气氛：所有咖啡馆的门都装上了铁栅栏，以防备手榴弹袭击。下午 4 点钟，街道上空无一人。我们经陆路到科洛半岛的计划吓坏了一个年轻区长，他是国家行政学院的毕业生，甚至连穿过街道去找他母亲都不敢。他一定要我们乘船出发，经过菲利普城。菲利普城与科洛小港口之间的旅程令我兴奋：我终将身临其境。沿海的山峦在燃烧。 72

科洛的区长，从前在罗莫朗丹，让人告诉我小心，“（法国军队组织的）一次无理由的袭击很快就来。”（我以为）沃德雷上校——阿尔及利亚前总司令——知道我们在这里，也知道我们是什么人。（无疑从服兵役以来，我一直在“红名单”上；我是 1958 年 5 月 13 日早晨从我的阿尔及利亚法国学生口中得知的：尽管他们完全清楚我对阿尔及利亚的立场——我曾经做过一个讲座，题目是“关于阿尔及利亚文化”，这在当时的背景下是再清楚不过的，阿尔及利亚学生停止了罢课，成群结队地来听讲座——尽管他们完全不同意我讲的东西。我讲殖民状况的作用与文化适应的作用之间的差别，既不挑衅，也不让步。文化适应与当时在美国人种学中非常流行的“文明接触”有关，他们坚持要提醒我，我隐匿不见有好处——为了让我相信他们消息非常灵通，他们问我是不是认识杰拉尔·勒布伦。他是我的一个朋友，当时的阿尔及尔高等师范文科预备班哲学教师，他也许也在奥丹[①]那样被镇压的人的名单上。）我
73 也通过中央高等工艺制造学校的一个青年学生得知了军事当局的恶意，这个学生反对阿尔及利亚战争，为了能够亲临战场，要求加入军队为了向年轻人灌输法属阿尔及利亚

① 奥丹（Maurice Audin，1932—1957），出生于突尼斯，阿尔及尔大学数学助教，阿尔及利亚共产党员，反殖民主义的阿尔及利亚独立战士，被法国军方施以酷刑并杀害。——译者注

的观念而组织的短暂留居：他被分配到科洛半岛，也跟我们一起下田野。

我选择到离科洛半岛二十多公里的艾因阿格拜尔去。特种航空勤务兵上尉不怎么（或不太）明白我们来干什么，想让我们住在军营里。我拒绝了，我们住在保护区之外的旧学校里，但处于中立地带（以便于从事调查，这在我看来非常重要）。夜里，我们工作，萨义德和我要工作到很晚，记录白天的观察结果，人影在周围经过。每天早晨，我们要乘我的小多菲纳车走十几公里，经过一个非常容易遭受真真假假的袭击的峡谷。[我们走后不久，特种航空勤务兵上尉就在这里遭到民族解放军队的袭击——我搞不清自己是怎么知道的了，也许是通过萨拉赫·布赫贾（Salah Bouhedja），我在那儿第一次遇到他，此后他来巴黎我们的中心工作] 我们第一次到聚集点的时候，看见一群男人坐在茂密的橄榄树下（几天之后我还拍了一系列照片）。我们下了车，朝他们走去。他们当中的两三个人长袍下鼓起很高。其中一个人，很黑，圆脑袋，小胡子，头上戴的一顶 74
灰色的卷毛羔皮帽，将他与其他人区分开（这是布阿法尔的一个儿子，他显得好像是一个 amahbul，神秘莫测的人物，但仍然极受遵从和尊敬，他的一个兄弟是法国保安部队士兵，另一个在民族解放军队），他起身走向我（至少表面上，我与其他人没什么区别）。他带着某种兴奋的表情，问我们来这里干什么。我回答说，我们来这儿为了听听他们想说什么并报道出来；法国军队在许多公里之外，我们任凭他们摆布，或诸如此类。他邀请我们坐下，并给我们端来咖啡。[我在阿尔及尔和别处的调查中，经常被这类人帮助，他们往往是有大智慧的自修者，由于他们在两种状况与两种文明、有时在两种宗教之间不稳定的位置——最有修养的人有时信奉综合的信仰，他们把这种信仰置于勒内·格侬①的庇护下，他们表现出不容置疑的奇特甚至"疯狂"特征（正如 amahbul 这个词展示了这些特征，我们用在他们身上的 maboul"疯子"就由此而来），而且他们还拥有一种巨大的威望。其中一个人，在我访问卡斯巴的
75 过程中（在阿尔及尔的战斗最激烈的时刻，他以一句"你可畅所欲言"介绍我，这句话立刻消除了不信任感），曾多次充当我的许可证和通行证。有一天，他设法让我们两人拉着手走在经过文学院正面的整条大街上，这时咖啡馆里满是支持法属阿尔及利亚的法国侨民学生。无疑是为了赋

① 勒内·格侬（René Guénon），法国哲学家，作品主要致力于形而上学、秘传教义和对现代社会的批判。——译者注

予这件事考验的和挑衅的价值，他穿了一件具有炫耀性的东方风格的衣服，丝绸灯笼裤和刺绣的紧身短上衣，再加上他那精心修剪的黑胡子，让他无法不引人注目。至于艾因阿格拜尔的布阿法尔，他喜欢陪我们调查，往往在他参加的访谈之后（我永远忘不了这位据说已逾百岁的老人，当他提到临近部落的名字时，立刻充满了战斗的热情，然后又倒在一边，疲惫不堪），他把他的思考告诉我们，这些思考全都是我称作文化萨比尔语①的典型体现，我仅举一个例子："Beni Toufout（一个部落的名字），这是什么，这是什么意思？"他问。"Beni Toufout？你投票（Tu votes）。您看，我们发明了民主。"]

针对民众阶级的经验调查在无产阶级的预言家眼里，有时可能显得像是一种怀疑主义，有点类似地，旨在一探 76
究竟的善意举动，在这些政治稳定的时期，也可能显得奇怪，甚至可疑，尤其涉及人口聚集的军事行动时。60 年代，在巴黎，有人会要求我说清楚田野调查的情况，仿佛我安然无恙归来很可疑似的。（我唯一的通行证——我记得

① 萨比尔语指阿拉伯语、法语、西班牙语以及意大利语等的混合语，曾在北非和地中海东岸各港口通行。——译者注

有一天，我独自开车到一个卡比利亚村庄去，遇到了一列长长的军车，我被逮捕并被迫返回——是阿尔及尔统计学院的一封信，说我被允许从事调查，这封信充当我与军方人士打交道的许可证，他们在如此人迹罕至的地方遇到我，总是感到惊奇。）

由此，在我与知识界的关系中，由于过度或不足，我不断地处在有差距的状况或悬而未决的状况中。比如，对聚集点的观察，有助于以完全反直觉的和不合时宜的方式预测并宣告，这些被轻率地描写为各种各样集中营的地点，在独立之后大部分都存留下来（在某些地方，真是历史性
77 的讽刺，对于聚集在平原上的村民来说，原来的老村庄变成了各类别墅）；或者，留在阿尔及利亚的某些被革命热情冲昏头脑的法国人幻想的自治农场，落入到阿尔及利亚专制技术官员组成的小资产阶级团体或军队手里，甚至落入到“新社会主义封建主义”的大亨手里，正如后来穆罕默德·布格霍布扎谈到“社会主义”阿尔及利亚的某些高官在康斯坦丁南部建立的大领地时所说的那样。[①]（在这里，

---

① M'hamed Boukhobza, *Structures familiales et changements socio-économiques*, Alger, Institut national d'études et d'analyses pour la planification, 1982 (avec Mohammed Khelladi et Tamany Safir).

我应该说，我的现实主义期待，往往是相当幻灭的，并由此在集体狂热的时代显得有点令人愤慨，但这种期待在阿尔及利亚人的友谊中得到了巨大的支持，这种友谊无疑来自于习性的相似性——我尤其想到了蕾拉·贝尔拉塞纳、穆卢德·费拉温、罗兰德·加莱兹、穆拉赫·埃尼纳、米米·邦斯麦伊内、阿赫迈德·米斯拉乌伊、马赫福德·内彻姆、阿布代尔马莱克·赛义德——这种支持帮助我设想一种描述，这种描述既是内在的又是遥远的、殷切的，也可以说是亲切的、热情的，而不是天真的或无知的。）

世界观的变化伴随着我从哲学转向社会学，而我的阿 78
尔及利亚经验无疑代表了这种转变的关键时刻。如我所说的那样，这种变化并不容易描述，无疑因为它是由若干变化的不知不觉的积累组成的，这些变化是由生活经验逐渐强加给我的，或者我以针对我本人的全部努力为代价实现的，而这种努力与我对社会世界的研究密不可分。为了让人对我经常描述为一种入教仪式（我知道这种说法让那些对社会学持有一种粗暴的还原论观点的人感到惊异，社会学通常被描写为还原论的和平庸实证论的）的这种训练有一个大致的看法，我想回到我在贝亚恩从事过的关于长子独身的研究。这项研究与我同时在阿尔及利亚从事的研究是平行的，并产生了三篇连续的文章，每篇都与上篇有十年或十五年的差距①。实际上，也许在这种研究的历史中
79 看到一种智识教育小说并不是完全不合时宜的，这种研究以与农民社会中的性别关系——这差不多就是早在性别研究出现之前，我为《现代》杂志的文章②取的名字——相关的痛苦和悲剧为对象，它曾是一种真正蜕变的机会和操作者。为了说明既是知识的又是情感的变化，蜕变这个词无疑不太过分，这种变化把我从情感生活（情感生活也许来自需要巧妙地否定的生活中的爱和不幸）的现象学引向一种科学实践，这种科学实践意味着一种更疏远而又更现实的世界观。这种知识转向充满了社会影响：其实这种转向是通过从哲学转到人种学和社会学，并在社会学内部转到农村社会学完成的。农村社会学在专业的社会等级中地

① «Célibat et condition paysanne», *Études rurales*, 5-6, avril-septembre 1962, p. 32 – 136; «Les stratégies matrimoniales dans le système de reproduction», *Annales*, 4 – 5, juillet-octobre 1972, p. 1105 – 1127; «Reproduction interdite. La dimension symbolique de la domination économique», *Études rurales*, 113-114, janvier-juin 1989, p. 15-36. 这三篇文章收入 *Le Bal des célibataires. Crise de la société paysanne en Béarn*, Paris, Seuil, 2002.

② «Les relations entre les sexes dans la société paysanne», *Les Temps modernes*, 195, août 1962, p. 307 – 331.

位最低，而且这种在等级中的负面移动包含的有选择的放弃无疑不会如此容易，如果它不曾伴随着重新融入故乡世界的隐约梦想的话。

我在卡比利亚从事田野调查时，为了反对给我提供信 80
息的人的自发社会学，我经常以贝亚恩的农民为参照：在这里叫做 adhrum 或在那里叫做 thakharrubth 的这个社会单位，是不是就比在贝亚恩称作 lou besiat 的被模糊定义的单位（全体邻居，lous besis）具有更多的“现实性”？而某些欧洲的人种学家，在一位本地学者之后，赋予这种“现实性”一个被科学认可的地位。难道不应该直接在贝亚恩从事调查，从而把有意无意地充当我的参照点的经验予以客观化？多亏雷蒙·阿隆，我刚刚发现了舒茨的成就。阿隆认识舒茨，在我看来，很有意思的是，像现象学家那样对与社会世界的熟悉关系提问，但以近乎实验的方式，把我熟悉的一个世界当做一种客观的、甚至客观主义的分析对象，在这个世界里，所有行动者都称小名，说话、思考、行动方式对我而言都完全是自然而然的；与此同时，把我与这个世界的熟悉关系，以及把使得这种关系与学者关系分开的区别客观化。正如我在卡比利亚所做的那样，人们通过一种以客观化工具如系谱学和统计学为装备的研究，实现了这种学者关系。

第一篇文章（《独身与农民状况》）写于 20 世纪 60 年
81 代初，当时欧洲社会的人种志几乎不存在，农村社会学对“田野调查”敬而远之。在这篇文章中，我努力解决这个社会谜语，在一个以竭力维系长子权利著称的社会中，长子的独身构成了这个谜语。我仍有非常接近天真的观念，尽管我要脱离这种观念；我投入到对一个社会世界的一种全面的、有点狂热的描述中，像对所有熟悉的空间那样，我知道但不了解这个世界。什么也逃不过以一种惊奇的态度发现了客观化乐趣的那个人的唯科学主义狂热，这种客观化乐趣是马塞尔·马热的《文化行为的直接研究实践手册》① 所传授的。这本书是对当时克洛德·列维-斯特劳斯的结构主义建构实施的诱惑力（我关于卡比利亚房屋的文章②足以证明这种诱惑力，我大致是在同一时期写的这篇文章）的一种强大的超经验主义解毒剂。采取观察者的姿

---

① Marcel Maget, *Guide pratique d'étude directe des comportements culturels*, Paris, CNRS, 1962.

② «La Maison Kabyle ou le monde renversé», *in* Jean Pouillon et Pierre Maranda, *Échanges et communications. Mélanges offerts à Claude Lévi-Strauss à l'occasion de son* 60e *anniversaire*, Paris-La Haye, Mouton, 1970, p. 739 - 758; repris in *Esquisse d'une théorie de la pratique*, *op. cit.*, p. 61 - 82.

态包含着目光蜕变的最明显标志，这个标志就是我大量地使用分布图、示意图、统计表和照片：无所不包，我每天 82
放学后经过的那扇木雕门或乡村节日的游戏，汽车的年代和牌子，我把家中一所房子的无名示意图透露给读者，我整个童年时代都在这所房子里玩。关于比较重要的人口的许多双行或三行对查表的统计学构图，在没有计算器或计算机的帮助下需要做大量的工作，这种工作就像与我当时从事的深入考察相关的许多访谈，属于不无反常的一种入教苦行的考验。

但是，启发性的行程也有某种属于入教过程的东西，其证明就是：通过全部投入和随之而来的找回的幸福，我与进入另一种生活使我不知不觉疏远的物和人达成了和解，人种学态度自然而然地要求尊重这些物和人，如童年的朋友、父母，他们的行为举止，他们的因循守旧，他们的口音。我自己的一部分整个回到了我身上，我通过这个部分属于他（它）们，但这个部分又使我远离他（它）们，因为我只有否认他（它）们，为他（它）们感到羞耻，才能否定我身上的这个部分。向根源的回归伴随着对被压抑的东西的一种受控制的回归。关于这一切，文本不带任何痕 83
迹。如果关于最初观念与学者观念之间差距的模糊的和论说性的结语，可能让人隐约看到反思性的意图，这种意图曾是整个事业的根源（“逆向地写一部《忧郁的热带》”），那么，什么也不会让人想到我的调查开展时的感情氛围，若不是描述舞会的有节制的温情。比如我再次想到作为研究根源的东西，我的一个同学，邻近城市的小职员，点评（我的）班级照片，毫不留情地把照片上现有的将近一半以上的人划归到“不能结婚”一类；我想到了与父辈的老单身汉进行的往往非常痛苦的访谈，我的父亲经常陪着我并通过他在场和暗中交涉，帮助我取得信任并了解内情；我想到了这个老同学，我非常喜欢他的细心和灵巧，他与母亲在一所精心打理的房子中深居简出，他在畜栏门上用粉笔写上小牝牛的出生日期和他给它们取的女孩儿名字。我的意图的客观主义克制，无疑部分取决于这个事实，即我感到自己做了件类似于叛变的事——这导致我很久以来拒绝一些文章
84 的再版，而在发行量很小的学术杂志上发表这些文章，这会防止某些人不怀好意地或带着偷窥癖阅读这些文章。

无疑因为第二篇文章（《再生产系统中的婚姻策略》）所显示的进步处于反思性的范畴内，而这种反思性被理解为对客观化主体的科学客观化，这篇文章以相当清晰的方式，通过从规则到策略、从结构到习性、从系统到社会化

主体的转变，显示了与结构主义范式的决裂，社会化主体本身被社会关系结构占据，是社会关系的产物；这种转变也是观点蜕变的关键时刻，当我在亲属关系的规则之下发现了婚姻策略，由此捕捉到与世界的实践关系时，目光的蜕变就实现了。这种对实践逻辑的真理的重新占有，反过来，促使人们有可能理解陌生的卡比尔人的初看上去如此陌生的仪式实践或婚姻实践的真理，陌生的卡比尔人因此变成了另一个自我。

最后一篇文章（《被禁止的再生产》）引向最一般的、最简单的，也是最坚固的模式，这篇文章也使人有可能最直接地理解在最初的场景中既透露又遮掩的东西：我曾经观察和描写过小舞会，这个小舞会通过“结不了婚”这个 85
词的无情必然性，让我产生正在接触一个具有深刻意义的社会事实的直觉，它正是象征财产市场的一次具体的和可感的实现。由于与全国范围统一（如同今天通过同源作用与世界范围统一），婚姻市场注定使那些与家庭支配的旧式婚姻交换的受保护市场有关联的人，也就是大家庭的长子，遭到突然的和急剧的贬值，他们忽然变成了“农民化”（empaysannés）的农民，令人厌恶的和未开化的野蛮人，从此被剥夺了生育的权利。于是，在某种意义上，第一次描述中立刻显示出了一切，但却是以这样一种形式，就像哲学家们说的那样，真理只有通过遮蔽才显露出来。

[我曾在关于贝亚恩的一次调查中进行了这种关于反思性活动的实验，这次调查也是并尤其是一种关于调查和调查者的调查。这一实验表明，实践本领的最罕见动机之一也许最终就是一种社会经验的科学运用，实践本领确定社会学家的技艺，人们称作直觉的东西是实践本领的首要组成部分，这种社会经验只要事先服从于社会学批判，就能
86 从障碍变成财富，哪怕它自身多么缺少社会价值，甚至它与（转变和改行的）危机相伴。因此，如同我曾在某个地方说的，无疑是我母亲的一句相当平常的评语，在我从事关于单身的调查的时候，引发我的思考，导致我放弃亲属关系的规则模式，采取策略的模式。如果我不注意的话，我甚至听不见她的评语——“自从那家出了一个综合工科大学学生，他们就跟那家走得很近。”在这里我不打算尽力理清并说出这种特别受重视的亲属关系的深刻变化，这种亲属关系对于一句话会被当作一条信息来理解是必要的，因为这条信息有可能被归入一个解释模式，尽管这句话在随意的家庭日常谈话中只能处于“自然状况”。我仅指出，普遍来看，只有以一种真正的认识论转变为代价，本身完

全缺乏直接关联的实际经验才能进入科学分析，但这种转变不可还原为现象学所说的悬搁。]

无疑由于福楼拜所说的“经历所有生活”的爱好，以及抓住一切机会历险即每次发现新环境（或只是开始一项 87
新研究的刺激）的爱好，连同对社会学的科学主义定义的拒绝，共同导致我对各种各样的社会世界都感兴趣。我想，漫长的暑假阅读促使我产生进入陌生的社会环境的欲望，也许一些人不怎么有这种欲望，因为他们的存在将他们局限在一个或多或少完全同质的社会世界里。巴黎把文学回忆变成现实，作为一个对巴黎无比着迷的年轻的高等师范学校文科预备班学生，我天真地把自己等同于巴尔扎克（我与他的雕像的第一次奇遇，在瓦万街的十字路口！），乃至我多次在星期天外出时跟随陌生人，以便发现我努力猜测的他们的街区、他们的房屋、他们周围的人。

我很少不同时从事许多往往从对象上迥异的个人研究，不必说通过我总是亲自指导的研究活动间接地从事的研究，或受我启发的研究以及我在欧洲社会学中心的范围内协调的研究。这样我能在思想上属于过去或现在的空间，这些空间与我的空间相距甚远，比如贵族的或大银行家的空间，歌剧院舞蹈演员的或法兰西剧院演员的空间，拍卖人的空 88

间或公证人的空间。而且，我能在某种程度上，从一个实际遇到的等级“样本”出发，并总是借助于与我非常了解的位置和经验的类比（比如为了理解一般的贵族，借助于与学校教育贵族的位置和经验的类比），进入这些空间。当我从事《区分》[1] 的研究时（我有时会对此感到遗憾，即人们没像开大会时那样在他们的衣领上标明他们的职业，以方便我观察），或者当我在咖啡馆、在滚球场或足球场、在邮局，但也在晚会、鸡尾酒会或音乐会上，花数小时听人谈话时，我经历过充满调查热情的重要阶段。并不罕见的是，我忍不住找个借口与一个我想深入了解和调查的人，就这个或那个我感兴趣的问题展开谈话（这比人们想象的容易），但又不让人看出来。我自问，我是否如我长久以来认为的那样爱别人，或者我是不是最终只对他们抱有一种职业的兴趣，这种兴趣可能包含着一种爱的形式（阿布代尔马莱克·萨义德因此成了一个医生非常珍视的朋友，这
89 个医生是他患的一种非常罕见的疾病的专家……）。

但这种分散也是一种无疑有点奇怪的方式，目的是努力把虚假地分割的一种社会科学集中起来，并在实践中拒

---

[1] *La Distinction. Critique sociale du jugement*, Paris, Minuit, 1979.

绝专门化。这种由最先进的科学模式规定的专门化，在我看来在一种起步科学的状况中为时过早（我尤其记得，在瓦尔纳的世界社会学大会上，面对教育社会学、文化社会学和知识分子社会学之间的分割，我曾体会的愤慨之情，因为这种分割导致这些“专业”中的每一个都将其对象的真正解释原则丢弃给另一个）。（傅立叶所说的）“变化”性情不断地把我推向新研究、新对象——或者，促使我抓住所有机会夺取新的研究领地，这种性情也许使得我在从未怀着明确意愿，尤其是不带丝毫的“帝国主义”野心的情况下，出现在整个社会科学场中。

我不是不知道，我的举动可能表现为一种追求全能知识分子的过度野心的方式，但这是另一种更严格也更大胆 90
的方式：其实我冒着在两方面失败的风险，在纯粹的经验主义者看来过于理论化，而在纯粹的理论家看来过于经验主义，并且有时留下研究计划而不是已完成的研究（比如在社会语言学方面就是这种状况）。事实上，一切都促成这一点，即呈现给我的可能性空间无法约简为在社会学空间中构成的位置为我提供的空间。其实我无法不把我的知识事业的广泛性与我的哲学历程联系起来，我的知识事业与社会学专业之间的界限无关，而哲学是享有威望的学科，我的某些同学仍留在这个学科里——这无疑在主观上是非常重要的；同时，我无法不把这种广泛性与“客观上”来自这个学科的象征资本贬值联系起来。（我在这里既是分析的主体又是分析的客体这个事实，增加了社会学分析非常常见的一种困难，一种危险，即分析得出的“客观意图”表现为明确的意图，有意的策略，清楚的计划，在这个个案中就是有意识的或几乎厚颜无耻的意图，用以维护一种受到威胁的象征资本。）因此一种折中但有高度选择性的配置逐渐显示出来，这种配置致使我拒绝某些成见，这些成
91 见足以限制理论资源空间（如同马克思主义者的排他）和经验可能性空间（如同所有方法论的一元主义），在我看来，可以说这种配置从某些方面来看是“反对一切”的，而在另一个方面则是“捕捉一切”的，就像某些政党一样。

但是所有这些原因和理由都不足以真正解释我为何彻底地、有点疯狂地投入到研究中。这种激情无疑在产生常新问题的研究本身的逻辑中找到了根源，也在奇妙的和完美的科学世界提供的异乎寻常的喜悦和快乐中找到了根源。我以情感相似性也以知识赞同为基础建立的团队，在这种巨大的投入中扮演了一个决定性的角色，我的信仰产生了能够加强和保障我的信仰的信仰。因此这一切都有助于一

种强大的个人的和集体的自信，这种自信导致相对于外部世界及其判断和制裁的一种极度的超脱。[我有幸能够长时间地生活在对社会成功的一种相当强的漠视中。我记得自己常常这样想，当我努力把很少关联的能力和意图，尤其是理论的和技术的能力和意图合并时，我长期不被理解并不为人知是可能的和正常的；因此我对此是有充分准备的，乃至有点惊诧地看到我的研究得到了相对的认可，这种认 92
可无疑部分地建立在误解的基础上。我把自己看得有点像中世纪的一个石匠，他在拉苏泰莱纳（La Souterraine）的教堂里，雕刻一个表现联结并高高在上的柱头，柱头淹没在穹顶的黑暗里，注定让人完全看不到。包括法国和外国学者的一个“看不见的小学院”给予我的认可对我来说也足够了，而且我对自己相对的、大多有选择的默默无闻，毫不感到难过。尤其因为我在偶遇的过程中或通过书信，从人们那里获得见证，由此受到极大的支持和鼓励。他们告诉我，他们因我写的东西（尤其是《区分》）受到极大触动，有时甚至被改变或获得“解放”。我多次鼓励和安慰新西兰、澳大利亚、意大利、丹麦等外国青年研究者，他们对我说，尽管他们竭尽全力使我的作品得到认可，尤其在大学权威那里，但这些作品在他们国家仍未被充分了解，这令他们失望和气愤。我对这些事感到忧虑是很迟的，也许由于年纪的作用，而且尤其通过这些事在我亲近的人身上引起的切身忧虑，我想要在这些人面前做个好样子。]

93 这种自信也依靠内在的信心——如何不做作又不夸张地说出来呢？我相信，我的社会学任务，对我而言既不表现为一种天赋也不表现为一种责任，更不表现为一种（过于浮夸的）“使命”，它毫无疑问是反过来包含一种义务的一种特权。但我在这里不得不说，所有这些理由在某种程度上不过是一种更深层的理由或原因的中继或理性化：一种残酷的不幸使得不可救药的东西进入到我童年生活的天堂，并且从50年代开始，重重地压在我生活的每个时刻，比如它把我与高等师范学校和知识分子的高傲伪善的最初不和，变成与大学事物的虚荣的果断决裂。这就是说，我到目前为止在这里给出的描述和解释从来不是捏造的，但仍旧是不完全的和片面的，因为我的所有行为（比如我选择穆兰中学，还有我短暂地投身音乐职业，或我对情感生活和医学的最初兴趣把我引向康吉扬）都是由孤苦伶仃的内心忧伤通过多种原因决定（或打下基础）的：发狂的工作也是一种通过关注别人来填补巨大空虚和摆脱绝望的方
94 式；放弃哲学的高贵，趋向贫民窟的苦难也是对我少年时

代非现实主义的一种牺牲式赎罪；艰难地回归一种清除学校教育修辞的习癖和秘诀的语言也标志着一种新生的纯洁。我在这里说到了提及的每种经验，比如我在阿尔及利亚的历险或我对科学狂热的原因或理由，但我所说的也掩盖了暗中的冲动和秘密的意愿，它们是一种分裂生活暗藏的那一面。

知识事物的状况引起我夹杂着反抗的失望，这种失望在我事业的最初阶段，特别明确地围绕当时占统治地位的美国社会学体现出来；但也在另一个领域，围绕哲学体现出来，哲学无论在传统定义上，还是在最具炫耀性的创新形式上，在我看来都代表着社会科学进步的一个主要障碍。我常常有点玩笑般地把自己确定为反抗哲学帝国主义的一种社会科学解放运动的领袖。我对某些社会学家并不比对某些见习哲学家更宽容，这些社会学家把留美当作一种启蒙之旅，而这些见习哲学家在 10 年或 15 年之前，扑向胡塞尔的档案，那时胡塞尔的著作大部分仍未译成法文出版。 95

美国社会学通过类似卡皮托利神殿之三神的帕森斯、默顿和拉扎斯菲尔德，使社会科学遭受到一系列歪曲，我觉得必须把社会科学从这些歪曲中解放出来，尤其通过回到涂尔干和马克斯·韦伯的原著，两者都被帕森斯兼并和歪曲（韦伯的作品更应该被重新思考，以便去除掉其法国引入者阿隆为它重新披上的新康德主义外衣）。但是，为了与这种世界范围的正统观念作斗争，尤其应该投入到受理论启发的经验研究中去，既要拒绝对占统治地位的科学定义的纯粹服从，也要摒弃某种蒙昧主义的拒绝，这种蒙昧主义拒绝一切可能是或显得与美国相联系的东西，以统计学方法为首。

如果说在60年代初，尽管布道国的主教代理人每周都发出号召，我仍固执地拒绝参加保罗·拉扎斯菲尔德在巴黎大学为济济一堂的法国社会学家教授的课程，这是因为这一切在我看来更像是一种集体的服从仪式，而不是一个简单的科学培训或再教育的技术举动。恰恰相反，这并不能阻止我努力把昔日的奥地利社会主义者能够提供的一切技术装备据为己有，如多变量分析或潜在阶级，因为与国
96 家统计和经济研究所的统计学家的合作鼓励了我，并为我做了准备，而这个社会主义者变成了一个在福特基金会和保卫文化自由大会的旗帜下行动的一种科学帝国主义的代言人；但我这样做并不同时借助把这种装置合法化的任何科学主义包装。在科学立场与政治立场没什么区别的这些

时期，这种策略无疑过于现实主义，不容易被人理解，但丝毫也不厚颜无耻。其实，这种策略不过力图夺取对手的工具并把它们用于其他科学目的，因此它既与单纯的追随者的殷勤的或顺从的服从对立，也与某些人的虚假的和失败的反抗对立。单纯的追随者仍旧对他们“发现了美国”惊叹不已，而某些人，如法兰克福学派的理论家及其法国模仿者，虽然意图抗拒占统治地位的概念和方法的支配，但他们即便在经验研究的领地上也无法找到战胜这些概念和方法的有效武器。（我应该顺便提提另一种完全补充性的科学策略，这种策略在那个时代背景下，也未得到很好的
理解，因为与国家统计学的任何联系都有保守主义妥协之 97
嫌疑。这种策略旨在与国家统计和经济研究所合作——我一度认为此举获得了成功，尤其当国家统计学院借用了《区分》中的分类时，力图让国家科学回到科学场，或更有节制地说，让某些想法和配置进入国家学者的头脑。这些想法和配置适合于最先进的科学研究，比如对制度按照惯例使用的问题体系和分类系统之默认前提的反思。）

我与保罗·拉扎斯菲尔德的对抗一眼看去是毫无希望的，人们今天很难想象他当时对世界社会学实施的社会的和科学的统治。这种对抗的历史对我而言，在60年代末的

这一天，得到了某种类似圆满结局的东西，他点名让阿兰·达贝尔和我到外交官旅馆去，每逢他担负福特基金会的使命时，他习惯下榻在这家旅馆。他批评我们刚刚在《对艺术的爱》中公布的参观博物馆的数学模型。那时他的名声达到顶点，他来时带了一本胡乱地涂了蓝色墨迹的书，
98 嘴里叼了一支大雪茄，不无严厉地指出了他认为是不可原谅的错误。如同一个不那么相信法国科学落后的读者所不可避免地看到的那样，每次都涉及一个校对员的明显错排，这个校对员更习惯于在别处细心，但出版社只会在第二版时让我们修改。我们同意进行这些修改，保罗·拉扎斯菲尔德有点庄严地宣称，他们“在美国从没做得这么好”。但是他避免写下来并继续把他的精神衣钵授予雷蒙·布东——他的科学跨国银行的法国分行行长。

我们要与理论的和方法论的正统观念进行斗争，因为正统观念统治着世界社会学，还要努力摆脱某种取舍，这种取舍由马克思主义者与去掉标签的美国方法和概念的引进者之间的对立构成，马克思主义者封闭在对韦伯和经验社会学的拒绝中。在这个过程中，我们几乎不能依靠哲学，尽管这种表面上具有很大颠覆性的哲学开始在巴黎展露。

自相矛盾地，这种抗议运动无疑由于哲学在法国的非常优
越的状况而产生特殊的效力，这种优越的状况尤其体现为
中学毕业班中独一无二地存在着一种哲学教育以及这个学 99
科当时在学校教育等级中占统治地位的必然后果。（在这里
我想到了我曾援引的模式，以解释在法国出现的颠覆运动
的特别力量以及这种力量反之在英国的缺乏，这种颠覆运
动依靠马奈和印象派，反抗至高无上的学士院制度，而英
国则未经历艺术方面的象征权力的类似集中。）

由于大学制度经历了一场非常深刻的危机，无法信守
被纳入这些哲学家的特殊学校教育轨迹中的诺言，将他们
差不多全都打发到边缘位置，他们受到一种特别激烈的批
判情绪感染，反对这种制度，因为这种制度是为了推行一
种既超常又狭隘的哲学活动（借助大中学教师学衔考试及
其颇具法国特点的练习和提纲……）的表象而特别装备的。
他们也以奇迹般合宜的方式（显然根本不是有意地）回应
1968 年“革命”在法国也许尤其是在美国引起的期待，这
场特定的革命将政治—知识质疑引入了大学场（费耶阿本
德在柏林、库恩在美国也被用来为对科学的一种自发质疑 100
提供一种论调）。但是，尽管这种运动作出激进的姿态，它
仍旧是极其暧昧不清的，无论在政治上还是哲学上都是如

此，因为对大学制度的反抗也是对抗一种威胁的保守主义反应。社会科学的上升，特别是通过语言学和“结构主义”人类学的上升，对既着迷又忧虑的哲学家产生了这种威胁。而且无疑仍旧是保持和显示他们相对于社会科学的霸权的考虑，致使他们自相矛盾地将对真理（和科学）的历史主义批判激进化，拿来为自己所用，他们采用的策略非常接近海德格尔把历史主义本体化的策略：因此他们对于到那时为止一直占统治地位的逻辑主义传统当作生成错误予以谴责的东西，给予了一种出乎意料的捍卫，倾向于把坚持形式的和普遍的真理当成过时的，与对特定历史—文化状况的分析相比，坚持这一点甚至被视作有点反动。

对梅洛-庞蒂在极不同于一般用法的意义上所说的“理智主义”的拒绝，很久以来左右着我的知识选择，这种拒绝植根于配置之中，配置使我倾向于远离时髦的重大
101 知识“运动”，比如“结构主义”的异国风情形式或它的新闻处理——在两种情况下，中心之一就是《新观察家》。（除了发表在学术杂志上的批判分析，如题为“结构主义与对象认识的理论”的文章[1]，我唯一一次参与的结构主

① “Structuralism and Theory of Sociological Knowledge”, *Social Research*, XXXV (4), Winter 1968, pp. 681 – 706.

义讨论，是一篇关于知识场的、相当鲜明地反结构主义的文章，发表在让·布庸在《现代》杂志组织的结构主义专号上①——只有不怀好意或不知情者才会把我置于“结构主义者”的行列中。）我非常有意识地拒斥所有喜欢自称“社会学家和哲学家”或“哲学家和历史学家”的人的双重游戏和双重利益的策略，我应该承认，这些策略是非常让我反感的，原因之一就是它们在我看来显得缺乏伦理的和科学的严格性。我更不赞同对符号—文学的迷恋，这种迷恋一度风行于大学场和《原样》杂志那边，我对一些人也无更多好感，这些人兼有尼采式的或海德格尔式的哲学权 102
威和必定参照阿尔托、巴塔耶或布朗肖（更不必说萨德了，萨德是任何知识分子都必不可少的论题）的文学权威，促使哲学（或科学）与文学之间的界限模糊不清。这就是为什么，即使我可能与他们有所谓的政治共同点，这些共同点无疑部分地通过这个事实得到解释，即我们都有反体制的配置，这种配置与在一个变化很大的学院空间里占据的一个相似位置相连，我也免不了大吃一惊，因为我看到由于与横跨大西洋的与差距有关的他者信念，我今天有时被

① «Champ intellectuel et projet créateur», *Les Temps modernes* (problèmes du structuralisme), 246, novembre 1966, p. 895 - 906.

归入“后现代主义者”的行列，而哲学家反对社会科学的古老偏见的复活往往把这些“后现代主义者”引向虚无主义的边缘。

［我在这里感到犹豫，是否要说出我主观上和客观上相对于米歇尔·福柯处在怎样的位置，既然我不能不这样做，为了分析更明晰，也为了我应该向年轻的读者道出真相（他们有可能被表面的相似性欺骗，尤其在国外），我总要说点什么。福柯去世时，我为一本国外杂志写了一篇关于
108 他的作品和生平的说明[①]，这篇说明避开了悼文的修辞。如同那时我明确地发现的，我与他差不多共有所有这些相关的属性：他比我早几年从高等师范学校毕业并获得哲学教师学衔——我曾经听过他在高等师范学校的课，他所处的哲学位置与我非常临近，尤其与我归属的康吉扬和克莱蒙—费朗集团非常接近（他是维耶曼任命的）。差不多所有属性都相同，除了两个属性，在我看来，这两个属性在他的知识筹划组成中影响很大，他出身于外省的一个大资产阶级家庭，而且是同性恋（还可以加上第三个属性，但这个属性在我看来是前两个属性的结果，同时也是一个解释

① «Non chiedetemi chi sono. Un profilo di Michel Foucault», *L'indice* (Rome), 1, octobre 1984, p. 4 – 5.

因素，这就是他是并自称是哲学家)。由此，人们可以差不多有意地让差别几乎消失，或相反，人们强化差别并指出，作为最终的差距，这些差别是特别有意义的和重大的。

我不再强调的相似性，无论在研究的范围上还是在行动的范围上都是明显的。米歇尔·福柯无视法定的对象等级以及哲学与历史科学之间的神圣界限，他不断地致力于 104
扩大哲学的传统定义，让原样的世界进入哲学，并由此让无声望的或被排斥的各种各样的对象如疯狂、监禁、权力等进入哲学，这些对象每次都通过地点和时间明确的具体案例以及详尽的档案材料得到把握。他也努力把相对于社会世界特别是相对于政治的自主，与以科学为装备对社会世界的干预结合在一起，这种干预确定了他所说的“特定知识分子”。如他所做的那样，涉入政治领域，尤其通过他反对监狱的斗争，就是处在极易受伤害的同性恋境况中，这个同性恋以本来面目出现，并照大卫·霍尔柏林（David Halperin）的说法，他“有可能被人谴责为病态和不公正并赋予别人一种对他本人的绝对认识论权威”（而且我们知道，某些尤其在美国为反对他而搞的运动，依靠他的性取向的特定性，以削弱或贬低一种思想，使它显得好像是相对的和可以相对化的，尽管这种思想对道德秩序和政治秩

序提出了深刻的质疑）。没人比他更充分更完善地实现学术研究与承担责任的调和，这种调和赋予他的生活和他的作
105 品一种巨大的吸引力，尤其在类似美国或德国的传统中，这种传统在我看来非常错误地把名副其实的知识分子存在的两种维度对立起来。

无论如何，尽管我们是非常接近的（这种接近尤其显示在我们共同采取的关于波兰的行动中）尽管我们是一致的（这种一致从 80 年代初以来把我们团结在一起，无论在公共生活中，还是在大学生活中），但是我与米歇尔·福柯仍由于一系列风格的差别而区分开来，这些差别在政治、艺术和研究领域尤其明显。我曾顺便提到过几个差别，这些差别在我看来源于各自的配置和位置中的深刻差异。我坚决地投入到社会科学场中，首先是人种学，接下来是社会学，我实际上与哲学世界的期待和要求决裂，以服从于一个科学学科的限制，这个学科拥有其问题、理论和方法的特定资本，而米歇尔·福柯，无论他的距离多么遥远，这种距离由首先在地理方面然后在社会方面远离大学制度的中心而得到确认，他总是出现在哲学场并关注巴黎知识世界的期待。这些客观状况中的差别，显然处在与配置间
106 的一种循环因果关系中：在我这方面，配置促使我投身于

社会学，而且这种社会学属于与法国知识场的期待特别对立的一种社会学，比如对艺术实践和知识世界的分析；配置还促使我首先投身于一个研究团队的集体事业，这个研究团队投入到非常冷门的任务和计划中，比如关于知识世界的人种学和统计学调查。在福柯那方面，配置则使他倾向于个人的、并由此更符合艺术和文学世界之期待的介入，以及与传统学究的实践如经常去大图书馆做差别不大的科学实践（只是到了生命的晚期福柯才想到——我也帮助了他——建立一个研究团队）。两种颠覆的配置与它们支持的占位之间的区别，无论在研究中，还是在政治干预中，都在客观上被纳入两个场的期待的作用加强了，而且这种区别也被这个事实扩大了，即同样的行动，比如艺术方面的（但也有政治方面的）行动，要看它被归于社会学家还是哲学家，这样它就可能表现为粗俗的缺乏高雅或审美家的大胆的和优雅的违抗。我对相似性和差别的这种说明就停留在这里，这些相似性和差别无论在现实中还是在表象中， 107
都使两种知识风格接近并分开，我希望这种说明足以避免这种特殊形式的他者信念，它导致在差别中认出相似并在相似中认出差别，因此只能损害两种相关思想的流通和对它们的正确理解。

还应该在这里采用正确的方法分析社会学场和社会科学场的现状，从而设法让人理解个人的和集体的轨迹（尤其是我在欧洲社会学中心指导的研究团队的个人的和集体的轨迹）与这两个场中每一个场内部的以及两个场之间的象征力量关系的变化之间的关系；而且尤其应该考察我的个人轨迹，考虑法兰西学院位置的特定特点，如同我在《学术人》中指出的，法兰西学院（尤其）是一个认可异端的地点，这个地点远离所有压制学士院制度的世俗权力。革命已经完成，如果说革命在象征方面（至少在国外）成
108 功了，在制度中则遭到了一种相对的失败，这种失败在团队的命运中看得很清楚：如果这个团队不曾同时通过其运行逻辑，通过其科学成果的内容威胁场的秩序和惯例，它应该不会这样连续地服从于集体防卫的压力和反应，这些压力和反应力求阻碍它的“正常”再生产。

四

这种关于自我分析的纲要，若不为与出身地位相关的 *109*
配置之形成留有一席之地，就无法进行，我们知道，这些配置与它们在其中形成的社会空间相关，它们有助于决定实践。我不想详述我出身的家庭的属性。我父亲是佃农的儿子，他在大约三十岁时也就是我出生的时候成了邮递员，然后是邮局局长，他一辈子都在一个相当落后的贝亚恩小村庄（尽管它离波城很近，不到20公里，我的中学同学都不知道它，拿它开玩笑）干邮递员这一行。我认为，作为变节者之子对变节者的童年体验（我相信萨特在《阿拉伯

的亚丁》的前言[①]中提到的尼赞身上认出了这种体验)，无
疑在我对社会世界的态度的形成中产生很大影响：我非常
110 接近我的小学同学，小农、手工业者或商人之子，除了让
我有点与众不同的成功，我与他们几乎一切都是共同的，
但我与他们被一种看不见的屏障分开了，这种屏障有时表
现在某些对“干轻活”的职员的常见辱骂上，有点像我父
亲与这些农民和工人区隔，尽管在他们中间，他仍处在贫
困小官员的状况中。他与家人住在一套缺乏最基本的舒适
设备的公房里（我们很长时间里都要去公共水源取水），他
受制于令人疲惫的时间表，从星期一早晨到星期六晚上，
从早晨六点邮车经过和开启信箱的时刻到完成结算，经常
工作到深夜，尤其是在月底总结算的时候。他自己打理花
园，买木头和锯木头，买任何一点东西都是一件大事，大
家要谈上许多天——他与我母亲让人在奈城（Nay）做了一
套列维坦风格的卧室家具。还有我大概八九岁时，他们送
我一辆20法郎的小自行车，我把它借给了一个女伴，我没
骑之前，她就把车撞到教堂的墙上，弄坏了。他也跟他深
111 爱的父亲和他的兄弟分开了，他们仍做佃农，他放假时就

---

① Jean-Paul Sartre，Préface à Paul Nizan，*Aden Arabie*，Paris，Maspero，1960.

去帮他们干所有重活。他表现出对此感到很痛苦的样子。我想，只有当他帮助最贫困的人的时候，他才显得那么高兴。他跟他们在一起感到自在，他们对他则完全信任，他倾注了无尽的善意和耐心帮助最贫困的人，在他们拿给他的成堆废纸、战争或伤亡抚恤金、债券、汇票等当中翻找（他们说："Aquet papes!"[①]），我长大一些后有时会对他这么做有些不满，而且我记得自己曾哭过许多次，因为想到尽管他有那么多功劳，他的名字也不会出现在名人辞典里。我无法说出，我为什么总是觉察到他甚至对比他富裕的农民也有明显的负罪感，我自己也通过某些同学的辱骂和攻击性玩笑的伤害不由自主地分担了这种负罪感。他教育我不是通过言语而是通过他的整个态度——尊重他也跻身其中的"小人物"，还有他们的斗争，尽管他从未这么说过（他让我听西班牙战争的最后冲突的炮声，我经常看到他把贝亚恩语、西班牙语和法语含糊地混在一起，与人们所说的人民阵线的人讲话，他们战败后不得不越过边境线）。他极力投票给左派，参加工会，这在这个相当保守的农村世界中有点儿成问题，尤其在罢工的时候，他非常敬仰的几 112

① 贝亚恩语，可能意为"翻找废纸"。——译者注

个政治人物是罗伯斯庇尔、饶勒斯、莱昂·布鲁姆（Léon Blum）、爱德华·艾里奥（Édouard Herriot），他们是学校教育和共和理想的体现，他想让我跟他一样。

我母亲来自一个农民“大家庭”，她大概违背父母的意愿结了一门被视作相当不匹配的婚事（我父亲提到他对村子的小世界里表现出的社会差别的体验时，总是带着些愤怒，他对当地显贵——医生、警察队长、神父甚或小学教师——总是相当迟疑和不信任的，小学教师从来也不支持他竭力敦促我上中学）。她跟父母住在一所二层小房子里，这所房子与家族的大房子不在一处，她母亲作为次女得到了这所房子当嫁妆，我就出生在这里。我的外祖父连续或同时当过改料工或锯木工、布料零售商和小农——他一直有几头牛和几块牧草地，还有几亩盐滩林地，作为一个“大家庭”的穷亲戚，他还是很爱面子的。后来，当我帮助父母改造这所房子的时候（就这样，我们以一种有点令我
113 外祖母伤心的狂喜，除掉了过去的所有痕迹：猪圈和鸡笼，上厕所用的小木屋，塞满旧物和到处捡来的不可思议的小物件的窝棚，等等），我发现，他花力气捡来和修补所有这些宝藏，为了让充其量不过是一间农民或佃农的小平房看起来像是一座二层楼，这间小平房主要由一个夯土地面上

的大房间和一个专为大场面准备的华丽“客厅”组成，人们从前是靠二层楼这个象征符号来辨认大家庭的。[我在高等师范学校的侍者中发现了一群贝亚恩移民，这些侍者负责伺候一些学生用餐，这些学生构成了共产党支部的坚定核心，阿尔都塞喜欢在这个支部中发挥他的政治战略家才能，尤其是在抵制非共产党学生下达的某些指示方面。这些贝亚恩移民来自拉纳帕拉（Lanneplaà），我外祖父和他父亲出生的村庄，巴黎公社时期，他父亲在巴黎圣巴布学院当侍者，因此无疑是一系列移民的源头，我们的朱斯坦（justins）——他们当中一个人的名字充当了侍者的名字——就来自这些移民。]他把爱面子、守规矩和重体面传给了完全忠于他的我母亲。我父亲素性更好批判并相当蔑视秩序，母亲与父亲起了争执，因为她试图让我与当地习俗尤其是宗教习俗保持最低限度的外在一致，尽管她对此 114
不以为然，而我拒绝这种一致（尤其因为我一想到星期天要穿过整个教堂到男孩子们的长凳上集合，委实感到恐惧），或者她让我装扮得很特殊，这次是白罩衫，那次是长裤（更不用说她执意在我头发上分的那条无可挑剔的缝儿，我一出门就弄乱了），这种特殊装扮让我反感，因为它把我跟其他人区别开来并使我受到他们的嘲笑。她对与关于她父亲的回忆相关的一切满怀崇敬，仍旧是这种崇敬促使她不顾危险急忙通知她父亲的一个朋友，因为她通过我父亲得知（我父亲的抵抗组织联系人给他发了警报），德国人要去抓一个抵抗组织的领导人，这个人藏在那个朋友的农庄里。（我在阿尔及利亚解放战争期间，经常看到类似的“政治行动”，这些行动也以其他动机为原则。）她不久前对我讲，她这样救过的抵抗组织成员想在解放后为她争取一枚纪念勋章，她说的时候不停地笑（“一枚勋章，给我，简直是开玩笑！”）。

我逐渐地、也许尤其是通过别人的目光，发现自己的
115 习性的特殊性，比如男人的某种傲慢和炫耀倾向，比如对争论的一种确实爱好，这种爱好往往有点偏执，还有“为了一点小事”而愤怒的倾向等。这些特殊性今天在我看来与我出生地区的文化特殊性相连，通过与我读到的文化或语言的少数民族如爱尔兰人的“性情”进行类比，我对这些特殊性的认识和理解更深刻了。实际上我是慢慢地才明白这一点的，即如果我的某些最平常的反应经常被错误理解，也许是因为我有时表达它们的方式——语调，声音，动作，手势，等等——掺杂了好斗的害羞和斥责的乃至狂怒的粗暴，这种方式可能被轻信了，也就是说被过分当真

了，它与出身高贵的巴黎人的超脱自信形成了如此鲜明的对比，乃至它总是预示着某种危险，即致使对大学或知识陈规的俗套和陈词滥调的反应性的、有时纯粹习惯性的违犯，呈现一种失控的和吵闹的暴力姿态。

我又看到了那张照片，在波城的一条街上，我走在父亲身边（那时摄影师为路人抓拍照片），这无疑是颁奖的那天。我又想起了他曾对我说过的话，当时我刚离开学校，对他讲我与校方管理的最近一次纠纷。[全靠校长贝尔纳· 116
拉米克的亲切关照，我才避免在中学毕业会考前几个月被开除，因为我与学监争吵了一次，贝尔纳·拉米克即使不是唯一的，也是罕见的贝亚恩高等师范学校毕业生，他无疑左右了我的“前途”：“我的孩子，你胆子真大！”（Maynat，qu'as cachaou！cachaou 就是槽牙，臼齿，延伸意义就是某种具有咬住不放、顶得住的能力的东西。）] 他无疑想要这样赞赏整个地区传统加以美化的倔强品格，乃至在一种不易相处的待人态度上或进攻性的防御外表下看到一个好兆头，无论对一件事还是一个人：“不好伺候的人有出息。”[关于名牌大学的研究让我偶然发现，贝尔纳·拉米克与萨特和阿隆同时在高等师范学校，他与马克思主义历史学家皮埃尔·维拉尔（Pierre Vilar）一起，在高等师范学校学生刁难戏弄新生的一首仪式歌曲“高等师范学校文科预备班悲歌”的特别令人不快的一段中受到嘲弄，皮埃尔·维拉尔也来自朗格多克省的偏远地区。同一个皮埃尔·维拉尔，我在《继承人》出版后不久遇到了他，他就这本书公开质问我，他在这本书中看到了对“救世学校”的一种不可原谅的攻击，这正是系统力量的证明。]

117 在寄宿学校的经历无疑在我的配置的形成中扮演了决定性的角色；尤其使我倾向于对社会关系采取一种（福楼拜式的）现实主义的和战斗的观念，这种观念在我童年的教育中就已存在，它与和平的、说教的和中立的观念形成了鲜明的对比，在我看来，资产阶级生活的被保护经历鼓励了后一种观念（尤其当这种生活掺杂了基督教和道德主义时）。发现一种社会差别以及两个世界之间的分隔尤其促成了这一点，这种社会差别，这次颠倒过来了，是与城市“资产阶级”之间产生的，这两个世界，一个是粗暴而残酷的寄宿学校世界——社会现实主义的可怕学校，在这里，一切都已通过为生存而斗争的必要性而出现：机会主义，奴性，告密，背叛，等等。另一个是上流世界，这里占主导的是与前者完全相反的价值和这样一些教师，这些教师，特别是妇女，呈现了一个知识发现空间和堪称奇妙的人际关系空间。

一座 17 世纪的古老建筑，宏伟而面目可憎，有宽阔的走廊，墙壁高处是白色的，低处是暗绿色的，或还有中间磨坏了的巨大石阶，我们晚上排成两列经过这些台阶到宿舍去。这座建筑不提供任何与我们相称的东西，不为我们的孤独留任何隐蔽的角落、任何避难所、任何缓冲。在宿
舍里，这种感受从未如此明显，三排床严整地排列着，床 118
上配有统一的旧卧具，从门或从安置在宿舍中心的学监室看过来一览无遗。冬天晚上，我们把所有的衣服都堆到床上，好让自己暖和一些。盥洗室是某种长达数米的灰色石槽，早晨大家拥到那儿争一个位子，感冒的时候我偷偷在那儿洗撕破了的手帕。这只是这些日常的微小困扰、这些无时不在的忧虑之一，尽管这些困扰、忧虑无疑对所有人来说都是共同的，但仍是完全无法交流的，把生活的波折封闭在孤独和羞耻之中，而且还占据着儿童的头脑，他们无能为力地、倔强地充硬汉，总是争斗，但也经常绝望地流泪，找不到人抱怨或哪怕只是倾听。还有建在庭院正中的蹲式厕所，或无论如何不过是一个从四面都能看见的地方，厕所的木门从里面锁不上，理由是不让人躲在里面偷偷吸烟，所以木门根本无法让人防备喜欢恶作剧的人，他

们不理睬放在门上当信号的围巾，总是猛地把门拉开。

这个注定循规蹈矩和单调重复的空间，大致贯穿于我
119 1941年到1947年的生活，除了它按照自身的逻辑产生的事件，比如人们喜欢说的“难忘的”起哄之外，它不包含任何标志性事件。它把我们的所有存在都包裹在乏味的规则中，这些规则没留下任何痕迹，也不是无关联的回忆碎片；亦包裹在日常的忧虑和斗争、所有算计、所有诡计的惯例中，为了获得应得的，保住自己的地位，捍卫自己的地盘（尤其是在八个人的大饭桌上），每时每刻都需要施展诡计，这就要及时到，让人尊重自己，总是准备动拳头，总之就是活下来。人们会认为我把情况描绘得太悲观了。实际上，写作的人不再知道（或不知道）如何说出一切该说的，从而对体会到这些经验的人，对他的绝望、他的愤怒、他的复仇欲望，做出公正的评价。为了让人有点概念，我可以援引戈夫曼的《收容所》[1]，并强调这一点，即寄宿学校在“全体化制度”系列中，与监狱或精神病医院这类机构，或更进一步，与让·热奈在《玫瑰奇迹》[2]中描述的教养院，只有程度上的区别。但是，我也许更令人信服，

① Evring Goffman, *Asiles*, Paris, Minuit, 1961.

② Jean Genet, *Le Miracle de la rose*, Paris, Gallimard, 1943.

如果我只说出这一点，即我清楚地记得，曾跟高等师范学校文科预备班的一个同学讲了一些有知识抱负的人之间可能交流的有点造作的知心话，其中一句就是我永远也不要 120
孩子，不想承担把他们投入类似我所经历的不幸中的责任。（我当时在路易大帝中学寄宿学校，比我在波城经历的寄宿学校生活自由得多，无疑由于我作为冷漠的寄宿生的倔强秉性，我还是自寻了许多烦恼——人们在外省的新来者当中，通过这种幻灭情绪，辨认出老寄宿生，这种幻灭情绪也可在军队中看破一切的“退伍军人”身上看到。）

但对我而言，这种经验在我体会它的时刻也是无法交流的。我记得，我在（罕有的）周末回家时（我累积了“惩罚作业”和“留校受罚”——我觉得在整个上学期间得到过三百多次），我父亲常常告诉问个没完的母亲，让我安静，给我时间“休整”。其实自相矛盾地，我相当适应这个深受憎恶的世界，乃至我考虑出去的可能性时毫无兴致，我最终爱上了在差不多空无一人的学校里安安静静度过的星期天（尽管学监急于把我赶出我躲在里面读书的教室）。
漫长的假期丝毫也不让我愉快，因为上中学把我置于社会 121
疏离中，这种疏离给我带来了烦恼和孤独，因为生活中没有可与市镇学校的老同学分享的劳动和娱乐（除了星期天在邻村的几场足球赛）。我对纪律纠纷的叙述还是让我的父母很不理解，因为在他们看来我是幸运的（我父亲 14 岁离开了学校，我母亲在波城的一个姑姑家住了一段时间，中学一直上到 16 岁），他们不能不认为我应该为我的受罚也就是我的恶行负责，这种恶行会威胁我通过学校得到拯救这项至关重要的和出乎意料的事业的成功。

我经常自问，我的困难是不是取决于我自身，取决于人们很早就称之为我的“坏脾气”的东西。我还记得那些让我无疑应该被永远记在刺儿头名单上的事件，纪律老师和学监传看这个名单，只要有起哄的迹象，就惩罚刺儿头。于是人们陷入一种循环中：个人的或集体的预防性惩罚引起反抗和报复，如提前多日准备起哄，想出反学监的花招，这些花招引起了化作镇压的新惩罚；还有一些人的怯懦让
122 人失望，这些人往往在怂恿别人造反之后，在集体制裁的威胁面前临阵脱逃，并敦促兀自高傲的“发起者”自首。孤独在这些时刻从未如此强烈。（我在送我们去阿尔及利亚的船上重新体会了这种感觉，当我鼓动其他二等兵反抗我们被派去执行的荒谬“平定”时，这些来自法国西部的文盲，与其说出于恶意，不如说出于恐惧和驯服，对我说：“你会让我们丧命”或“我们把你扔下去”。）我当时十一二

岁，没人可以说知心话，单单是求得理解也不可能。我经常在夜里用一部分时间准备第二天的辩护。

这个外省小中学的教导员习惯上依赖于集体制裁，为了制止一次起哄，他们捉拿“人质”，这些人质表面上是偶然指定的，但实际上是他们根据在学校的表现“记录”而被选中的；或者教导员预备最严厉的制裁，针对不“坦白”或不被他的同学“揭露”的干了出格坏事的人。对“坦白”之指令的厌恶由此而来，尤其当指令来自一个同谋时，他在威胁及其引起的恐惧面前，抛弃了所有忠诚。而且他善于煽动集体恐慌——如同在军队里宣布检阅时，某个人散布谣言说，应该把鞋带打蜡。那些最驯服和最胆小的人与 123
他结成同谋，他们传播足以强迫刺儿头悔改的谣言和威胁，或者他们不厌其烦地描述用来产生恐惧的几近神秘的体验：比如，总学监来了，他无声无息地突然出现在宿舍门口，说了一句这类平淡的话，这句话尽人皆知并被无数次模仿（“看啊，看啊，真会玩儿！”）。他以一种温和的、仿佛有点吃惊的声音说出这句话，立刻让所有寄宿生都一下子回到了原处，他们刚才还大叫着分散在整间宿舍里，手里拿着长枕头。人们可以想象到这些一事无成的凶狠看守的虐待狂，在制度为他们提供的绝对权力的实施中，并在他们的地位带给他们的狂热奴性中，可能得到的满足。

我既恐惧又倔强，既无能为力又不妥协，总是处在接近一种违法的反抗中，但这种反抗甚至缺乏可能性和机遇，而且我总是准备相信别人并放弃斗争，离开荣誉攸关的防御工事，以求最终得到安宁，这样，我在一种倔强的愤怒中过着寄宿生活。（无疑全凭这种经验，我才能不顾所有等
124 级差别，而且丝毫不勉强地忘记我的年龄和身份，这无疑有点过了头，甚至如人们向我指出的，赞同某些通常被认为完全应受谴责的表现——与《世界的苦难》中的第二代阿拉伯移民及其同伴[1]进行交流，透过他们不妥协的封闭表象，他们立刻被人看出无防备能力，无疑他们会在另一个人面前维持这种表象。）我认为福楼拜这样想并不全错，如同他在《狂人回忆》中写的，“经历过寄宿生活的人，十二岁时几乎懂得了生活的全部”。

寄宿学校世界与正常的、有时甚至令人兴奋的上流世界之间的强烈对比，大大推动了对小人物所施加的侮辱和迫害的反抗，而学校生活的规则本身则导致蔑视小人物。一边是学习，来自农村或周围小城市的住宿生——除了几

---

① «L'ordre des choses»，in *La Misère du monde*，*op. cit.*，p. 81 – 99.

个怪人，他们在这个高度男性化的空间里很容易被怀疑是同性恋——读《体育大观》、《南方奥林匹克》或《我要到你们墓上吐唾沫》，喜欢谈女孩儿或橄榄球，抄袭往届生或标准答案选集上的法语作文，为历史季度测验准备“假试 125 卷”。另一边是显然由教师带来的高雅，他们最令人害怕的意见和督促——数学课上到黑板前面答题——尤其在女教师身上，带有一种住宿生甚至走读生都不曾感受过的亲切温柔。走读生是那种有点不真实的陌生人，原因在于他们不自然的衣服，有点过时的短裤或精心裁剪的长裤，与我们的灰罩衫形成鲜明对比；还在于他们的行为举止和他们关心的事，显示了一个不可能进入的世界的全部证据。我记得他们当中的一个人，一个“尖声尖气”的“隐士”，他总是坐在第一排，完全不在意周围的一切，他在写诗。另一个小学教师的儿子招来迫害，人们不大清楚，他被这样对待是因为他被视为同性恋，还是因为他经常在课间休息时躲在一边拉小提琴。相互作用的暴力经常表现为一种依靠外表或姓名的阶级种族主义的形式。在毕业班成为我的主要对手的是一个波城郊区的女职员之子，但由于他加入了童子军，他非常接近城里的小学教师或医生之子，他模仿他们的举止和校正的口音，他经常令我不快，因为他像

当地农民那样叫我的名字，这个名字是非常落后的农村象
126 征，拿我的村子的名字开玩笑。（很久以后，我在路易大帝中学的高等师范学校文科预备班再次发现了住宿生与巴黎走读生之间的相同分界线，住宿生是灰罩衫上系根绳子的长胡子的外省人，巴黎走读生则深深打动了某个来自外省、出身低微并渴望得到知识认可的法语教师，他们是通过其举止的资产阶级优雅性及其作业的文学抱负做到的，这些作业从那时起被视为作家的作品。回想的时候，我还是对外表和衣着在同学还有教师眼里扮演的角色感到震惊，因为外表和衣着成为知识和道德属性的假定标志，无论在日常生活中还是在考试时都是如此。）

我最近理解了到，我对学校教育世界的非常矛盾的心绪也许植根于这种发现，即对学校明亮的和相当可敬的一面之赞颂，是以其阴暗的反面之卑下为代价的，这种卑下体现在走读生对住宿生和小村镇儿童的文化歧视上——我最好的朋友就是在打斗和起哄中培养的，手艺人之子，小商人之子，他们或早或晚地失学，我与他们的一个共同之
127 处就是在我们的环境中某些未知的（所有意义上的）文化现象面前感到不安和恐慌。我被夹在两个空间及其不可调和的价值之间，对这种既下流又高调的大男子主义行为的

反智主义有点厌恶，而这种大男子主义行为是我的住宿生同伴所津津乐道的。课间休息期间，我不玩回力球时，尤其在星期天留校受罚时，我经常读书。而且我认为，我开始与住宿生同学一起玩橄榄球，无疑是为了避免我的学业成功和它被假定的可疑的驯服使得我被逐出运动队所谓的男子气概共同体，运动队是一种真正的团结一致的组织（与通过区分来划分等级的阶层不同，也与通过分裂来孤立的寄宿学校不同），这体现在为了取胜而共同斗争上，体现在斗殴时的互相支持上，或体现在对战绩的无保留的颂扬上，这种颂扬比学校教育空间的颂扬更可靠和更直接。

这种双重经验只能促进高度的学校教育认可与低等的社会出身之间的一种极大差距的持久作用，也就是一种分裂的习性，这种习性被紧张与矛盾占据。这种“对立面的重合”无疑有助于持久地建立一种与学校教育制度的双重 128
的、矛盾的关系，这种关系由反抗与服从、决裂与期待组成，也许是与本身也是双重的和矛盾的自我之间的一种关系的根源：好像与自感被认可这个事实相连的自信，从根本上也被对于认可机构的极为不信任所折磨，认可机构是那种自负的和骗人的恶毒母亲。一方面，是渴望知识和认可的好学生的驯顺、乃至殷勤与服从，这使我服从游戏规则，而不只是服从学院修辞的最狡猾的和最容易的技巧：比如在路易大帝中学，我在哲学自由竞赛中成绩优秀。在这类比赛中，艾蒂安·博尔纳，（我后来经常有理由批判的）基督教人格主义的公认代表之一，通常让我的作文排第一名；另一方面，是尤其对学校教育制度的一种倔强态度：暧昧的乳母也许受到过度的热爱，引起了一种强烈的和持续的反抗，这种反抗建立在恩情和失望的基础上，表现在一系列危机中，尤其是在竞赛或学院典礼的情境中。这些情境，比如颁奖演讲、开课仪式、论文评审会、候选人答辩，引发了由服从（斯宾诺莎称之为恭顺，对制度首
129 先要求的制度形式的纯粹尊重，有人以责备的语气说起这种恭顺，“这又不费什么力”，但它让我无比费力）的标志之暗中强制的期待所引起的不满，让人产生了分裂的想法，中断了游戏的诱惑。如何不把拒绝服从不可思议的论文答辩仪式纳入这个系列呢？这种拒绝可以通过卡夫卡的话得到证明：“难道你不是出现在你不承认其判决的一个法庭上？”

一方面是谦卑，这种谦卑主要与靠努力获得成功的人的不安全感相连，这个人如人们在橄榄球世界里所说的，

不是为了“非要干苦差事”而强迫自己投入到卑微的任务中，比如建立一个编码表或以建立一个理论模式那样的兴趣和注意力进行一次访谈（我本以为这是自然而然的，如果我没看到那么多有高贵的社会或学校出身的社会学家，想尽一切办法逃避我觉得必须要求一个研究者完成的任务，但这些任务往往被认为是低等的，我听到一个挂满国内和国际头衔的年轻入门者公开宣称，他不可能自己处理一份问卷，他坚定不移地拒绝降低身份，却一直不断地并不负众望地在一所最高学府讲授“方法论”）。另一方面是高傲， 130
即“幸免于难的人”的自信，这个人倾向于把自己当成“神奇的”并喜欢在统治者的地盘上对他们发起挑战（我在海德格尔发起的挑战中看到了这方面的一个例子，海德格尔向康德主义者发起了挑战，因为他通过发现处于超验美学核心的存在有限性，拔除了他们的理性主义基石之一）：我应该承认，从高等师范学校时期，我的许多选择都被一种贵族主义的形式决定。这种贵族主义与其说是傲慢的，不如说是绝望的，因为它建立在回想自己曾被卷入竞赛游戏而感到羞耻的基础上，这种羞耻与对“好学生主义”的反感相连，我曾不得不一度迎合这种“好学生主义”；还因为它建立在这种对自身的憎恨形式上，这种憎恨对我而言是对我的某些同学的小资产阶级出人头地的厌恶，他们往往从此之后成了大学等级的杰出成员和完美的学术人。（我怎能不在尼采身上认出自己呢？他在《瞧！这个人》中差不多这样说，他只责备他彻底了解的东西，他亲身经历的东西，在某种程度上，他自己曾经是的东西。）

但这种分裂的习性是一种“对立面的协调”的产物，这种协调倾向于“协调对立面”，这种习性从未如此明确地
131 显示在我研究的风格、我感兴趣的对象类型、我接触它们的特有方式上。我想到了这种做法，即把宏大的理论抱负投入到往往最初看上去低微的经验对象（针对赤贫无产阶级与时间关系的时间意识的结构问题，针对摄影美学的主要问题尤其是康德美学的主要问题）中，或更普遍地，投入到既有雄心又“谦卑”地从事科学的方法中。也许在这种情况下，出身于某些人喜欢说的“低等阶级”这个事实，提供了方法论手册没教的品行：毫不轻视经验的琐碎，关注卑微的对象，拒绝轰动的决裂和惊人的喧闹，坚持谨慎的贵族主义，这种谨慎的贵族主义，导致蔑视受到学校教育机构以及今天的媒体奖赏的技艺和华彩。

因此，我采取与哲学的高贵得以显示的傲慢修辞（我

针对阿尔都塞主义者[①]的极端状况对这种修辞进行了活体分析，对一种社会学语用学而言，这种状况与海德格尔或 132
哈贝马斯的状况没有多大区别）相反的战术，我设法把最重要的理论贡献放在插入句或注释中，或把我最抽象的思考纳入对社会方面次要、政治方面微不足道、知识方面受轻视的对象的超验分析中。后来的整个理论——超越客观主义与主观主义的取舍以及求助于中介的概念如配置概念——的第一个雏形展现在关于一个小题目（即一本摄影的集体著作）的一个简短序言中[②]；习性概念及其对结构主义的批判内容，出现在帕诺夫斯基的一本书的后记中，我把两篇文章集中在一起作了这篇后记，两篇文章分别用英文发表，习性这个词尚未被使用；我对福柯的最完善的批判之一是在题为“被禁止的再生产”的文章尾注中提出的，任何一个名副其实的哲学家都没想过读它；对德里达的哲学风格的批判被归入《区分》的一篇附言或《帕斯卡 133

① «Le discours d'importance. Quelques réflexions sociologiques sur "Quelques remarques critiques à propos de *Lire Le Capital*"», in *Ce que parler veut dire. Léconomie des échanges linguistiques*, Paris, Fayard, 1982, p. 207 - 226; réédition, in *Langage et pouvoir symbolique*, Paris, Seuil, 2001, p. 379 - 398.

② *Un art moyen, essai sur les usages sociaux de la photographie*, Paris, Minuit, 1965 (avec Luc Boltanski, Robert Castel et Jean-Claude Chamboredon).

尔式的沉思》的一个简短段落中[1]。只有副标题有时让人对书的理论重心有一个大致的概念。这样的谨慎立场无疑也与我对自己的智识筹划的双重的、分裂的（和矛盾的）观念有关：这种立场有时很高傲，甚至有点粗暴（按照这个逻辑：谁愿理解不理解）和苦行主义（真理值得追求，“美好的东西是困难的”），但也是谨慎的和谦虚的（我只在一种精确的和详尽的研究的保证下，才提出我的结论），如果它有时厌恶对数据乃至证据的实证主义炫耀（我对没完没了的实验记录不太宽容，因为这些记录压垮了那么多几乎没什么灵感的研究），它也拒绝“装腔作势的风格”，或更简单地说，拒绝理论的虚张声势，这种虚张声势驱使许多哲学家甚至社会学家（那些一上来就取悦于哲学家的社会学家）超出他们的哲学手段进行思考。

同样，在高等社会科学研究院和接下来的法兰西学院讲课时，我一上来就采取这样的立场，要求对形形色色的机遇剧进行一种有意的和坚决的拒绝，这些机遇剧，按照某些人以为的政治模式和另一些人以为的文学模式，在学
134 术世界的某些中心多次上演。我记得曾经有点欣慰地听说，

① *Méditations pascaliennes*, Paris, Seuil (coll. Liber), 1997.

两个德国青年从很远的地方来参加我刚刚开始在高等社会科学研究院举办的研究班，在这个研究班上，由于一个很大的误解，我吸引了一大部分知识分子后备军——尤其是1968年5月运动的某些未来领导者和思想家。两个人离开了，因为对我的对象——女社会福利员、学校教师或办公室职员的故事——以及我对他们评述的乏味的和有点平庸的特点彻底失望了，我的评述实际上丝毫没为傲慢的作者或概念如实践、诠释或“交往行动”留什么位置。有时，而且就在最近，我按照一种有意为之的苏格拉底模式，竭力让一群高等师范学校学生的自然属于“哲学的”期待落空，他们曾邀请我为一系列关于“政治”的讲座开讲。很能说明问题的是，他们没有认出这种模式，我想通过与过去的高等师范学校学生与政治的关系进行一种系统的对比，让他们思考他们的政治观念怎样得益于他们在知识场和政治场的一种特殊状态下的高等师范学校学生状况。

自以为如此彻底地摆脱礼仪和习惯的知识世界，在我
看来总是被极度的因循守旧占据着，这种因循守旧作为斥 135
力作用于我。针对收编和因循守旧，也就是针对一些人
（他们按照不同于我的习性趋向，随着某些变化的节奏而改
变，这些变化导致这个不稳定的世界从虚假革命的魔力走

向一种真正的保守主义革命的幻灭）的倔强态度，致使我差不多总是与场中占统治地位的模式和方法背道而驰或站在对立面，无论在我的研究中还是在我的政治立场上，比如，在必须当马克思主义者的时候，我有意强调自己是韦伯或涂尔干一派的。当大部分知识分子是共产党员的时候，我不是，但我从未沉湎于反共产主义，而他们不再是共产党员的时候，他们经常迎合反共产主义。这使得我经常被某些人当作“新斯大林分子”指出或揭发，这些人大部分加入过共产党或毛派，并由此继续发扬斯大林式的思想和表达方式，这些方式使我在那个时候与他们对立，我今天仍旧如此。

对知识世界的矛盾情感植根于这些配置中，它是一种
136 双重距离的根源，我可以举出无数这种双重距离的例子：与法国式知识分子及其上流社会的请愿、高雅的游行或为艺术家商品目录写的前言保持距离，但也与教师的重要角色保持距离，教师投身于论文和竞赛的评委会的循环流动中，投身于再生产之权力的游戏和赌注中；在政治和文化方面，既与精英主义又与民众主义保持距离。对立面之间的紧张，从未在一种和谐的综合中得到解决，这种紧张在与艺术的关系中特别明显，艺术是一种真正的激情与一种

分析的冷静的结合，这种真正的激情对真正的先锋派而言（而不是对学院式反学院主义的违犯而言，因为这种违犯是由学校教育程序控制的）从未中断，而这种分析的冷静表现在《艺术的法则》[1] 中呈现的阐释方法的确立上，并来自于这种信心，即马拉美所说的“对虚构的大逆不道的解析”，有可能破坏对文学和艺术神圣性的荷尔德林—海德格尔—布朗肖式崇拜，但它只能加强对艺术的爱的愉悦。

这种紧张无疑从未在法兰西学院的开课仪式之际—— 137
也就是在进入一个角色的时刻——表现得如此富有戏剧性，我很难把这个角色合并到我对自己的看法中。我多次拒绝当候选人，而且我尤其对弗朗索瓦·雅各布，接下来，对我的朋友们，尤其是安德烈·米盖尔解释说，那个变成我竞争对手的人擅长辞令而又有预言家的气派，他会很好地，在某种意义上，他会比我更好地承担角色。米盖尔坚持我当候选人，我也试图说服他。这种迟疑（这个词太轻了，但“厌恶”又太重了），来自我的内心深处，导致我一系列自断退路的行为，比如签字赞同科吕什参加 1981 年的总统选举，或在《社会科学研究杂志》上发表一篇关于高级时

① *Les Règles de l'art. Genèse et structure du champ littéraire*, Paris, Seuil, 1992.

装的文章[1]。在这篇文章中，我一箭双雕，引用了《伊人》（*Elle*）杂志上巴尔特关于香奈儿的文章，以及沙泰尔（Chastel）在《世界报》上的一篇短评，这是为一个香水品牌做的真正文学广告。准备这堂课使我感到自身凝聚了所有矛盾：我感到完全不配，在这个法庭面前说不出什么
133 值得说的，无疑这个法庭是我认可其判决的唯一法庭。这种感情也夹杂着对我父亲的一种负罪感，他刚刚悲惨地死去，非常可怜，我在50年代初的绝望时刻的荒唐中，促使他留守他的房子，鼓励他并帮助他改造这座不合逻辑地处在一条国家公路边上的房子。尽管我知道他会非常骄傲且非常幸福，但我在他的死亡与由此变成违抗—背叛的这种成功之间建立了一种神秘的联系。我数夜无眠。

社会承认这个事实本身把我置于一种矛盾之中，这个事实与我自身的形象有抵触，我曾以为最终看到了这种矛盾的一个解决办法：把开课、完成一项制度仪式并由此在承担角色的过程中建立与角色的距离这种做法，当作我的课程的对象。但是我低估了某种东西的暴力，这种东西在

---

① «Le couturier et sa griffe：contribution *à* une théorie de la magie»，*Actes de la recherche en sciences sociales*，1，janvier 1975，p. 7－36（avec Yvette Delsaut）.

一次单纯的仪式性演讲中，变成了一种艺术家意义上的“直接参与”。在仪式举行的过程中描写仪式，就是格外犯下社会失礼的错误。社会失礼旨在中止信仰，或更糟地，在需要颂扬和加强信仰的时间和地点对信仰提出了质疑，并置它于危险之中。于是我在实施的时候，当场发现，对我来说是一种心理解决办法的东西，成了对象征秩序的一种挑战和对制度尊严的一种触犯，制度尊严要求对正在举行的制度仪式之裁决缄默不语。在这个场合之外写的这篇 139
文章应该无改动地、按照原样，在聚在一起的克洛德·列维-斯特劳斯、乔治·迪梅齐、米歇尔·福柯等全体大师面前读，然而这篇文章的公开朗读是一场可怕的考验。有人后来告诉我，我的声音干巴巴的。我稍微做了个动作，停下来并离开。让-皮埃尔·韦尔南朝我瞪眼，或我以为他在瞪眼；我好歹念完了。然后，我感到一种可怕的不安，这种不安与其说来自违犯之感，不如说来自干蠢事之感。我独自与波城中学的两个老同学留下来，这两个人从前和以后都没见过：我在伴随着一种强烈的紧张而来的轻松之中胡乱说了几句话，感到自己总是为了无论什么都要付出很大代价。为什么为了痊愈，要被迫走向这种半控制的精神分裂症？在这种精神分裂症中，就像病人通过说出他的其他言行来评论他的言行，我通过另一种信息评论我的信息，即讲一堂课这种做法，而另一种信息基本上违背了我的信息，泄露了讲一堂课这种做法意味着的和假设的一切。我不止一次在生活中感到在一种最高的力量强迫下去做某件事，这件事让我付出了很大代价，但这件事的必要性只被我感觉到。

五

我为什么、尤其是为了谁而写作？也许为了给传记和 140
传记作家泼冷水，与此同时，通过一种职业的荣誉观念，在我试图理解过去的作家或艺术家时，透露我发现的信息，并努力把反思的分析扩展到科学分析本身提供的一般发现之外——但这样做并没有迎合戳穿或驳斥歪曲和诽谤、挑错或当场捉拿的（非常强烈的）诱惑。我不是不知道我的分析反过来引起的或多或少粗暴的客观化企图，这种企图除了对那个实行客观化的人实行客观化的恶毒意愿之外别无根据，而且按照“就是说话的那个人”的幼稚逻辑：作为荣誉和名誉的揭露者，他贪图荣誉和名誉；作为媒体的抨击者，他“频繁地在媒体上露面”；作为蔑视学校教育系统的人，他受制于学校的名誉，如此下去，以至无穷。可

以肯定的是，不管怎么说，即使我作为经验行动者并不是
141 不可确定位置的，我仍不断地尽最大可能做一个作为研究者的经验行动者，尤其通过关注我自己的位置及其在时间中的变化，如同我在这里所做的，以便努力把握它们可能对我的科学立场产生的作用。这样做不是出于一个几乎神圣的研究者（如某些人所说的，“为了神圣”[1]）对绝对知识的渴望，避免别人将我的研究工作还原为其社会条件，而是为了尽我最大可能把一个非常艰难的职业做好，这个职业旨在促成被压抑的东西的再现，并当所有人的面说出没有人愿意知道的东西。

但我也是并且也许尤其是为了我最年轻的读者而写作，我希望，通过我的研究在其中完成的历史条件的这种展示，他们能够体会到我所感受的。这种历史条件无疑在不同方面与他们所处的历史条件相距甚远，每当我在研究中稍稍成功地做到如福楼拜所说的“采取作者的观点”，也就是使我在思想上处于作家或画家还有工人或办公室职员在社会世界中占据的位置时，我就有了这种感受：在一部作品和

---

[1] 即 bourdivin，从作者名字（Bourdieu）而来的文字游戏，bour 转为 pour，意为“为了”，divin 意为“神圣的”，dieu 意为“神”。——译者注

一种生活实现的必要运动中体会它们，并由此能够获得对它们的一种主动占有，即本身面向创造和行动的共同实践 142
(sympraxie) 而非同感 (sympathie)；其实最终，自相矛盾地，尽管历史化与一个作者保持距离，这个作者被保存和囚禁在学院评论的裹尸布里，历史化也提供了手段，以接近作者并把他变成另一个真正的自我，甚或变成一个在老手艺意义上的出师留用学徒，他像所有人一样有微不足道而又至关重要的问题（手稿投到哪里，如何说服一个出版商，等等）。我从不认为，当我如许多有灵感的批评家那样，在没把自己当成福楼拜或马奈的情况下，提出福楼拜或马奈是像我一样的人，就是做出了亵渎神圣的傲慢举动。没什么比这一点更让我高兴了，即我成功地使得我的某些男女读者对我的经验、困难、疑问、痛苦等感同身受，并从这种与赞同的投射截然相反的现实主义认同中，得到比他们所经历的和所做的稍稍好一点的行动和生活手段。

译后记

如布尔迪厄本人强调的，《自我分析纲要》不是自传，而是关于自我的一种社会分析。他觉得自传是俗套而虚幻的，他只想提供关于自己的客观化片段。社会学家冒着“水浇园丁”的风险，对自己采取了分析者的目光。这种分析不是事无巨细的，他只呈现从社会学观点来看有相关性的特征，也就是对社会学理解和解释的必要特征。因此，他描述了50年代初他进入哲学场时的可能性空间的状况，他从哲学转向人种学和社会学的求索过程，他的童年经历和寄宿生活。按照他提出的公式：（习性）（资本）＋场＝实践，他低微的出身与学业的成功造成他分裂的习性，这种习性与他积累的学术资本一起，在场中的引力和斥力的作用下，导致他独特的实践——通过对立面的协调，把宏大的理论抱负与低微的经验对象相结合。由此，他最终放弃了哲学的高贵，趋向贫民窟的苦难，与随笔主义的和上流社会式的法国知识分子决裂。对他而言，自我分析的关键在于批判的反思性，所以，他对自身的分析很深刻，笔调很节制。然而，这不是一个冷冰冰的“学术人”的教训。他与阿尔及利亚人的友情，他对故乡人的怜惜，他对父亲的爱，他与康吉扬的默契，他与阿隆、列维-斯特劳斯的分歧，他对萨特的矛盾态度，他在寄宿学校的孤苦无助，让人在分析的冷静中体会到炙热的感情。像他喜欢的福楼拜通过写作那样，他意欲通过研究各种各样的社会世界经历所有的生活。最终，他问自己，为什么写作？他的答案属于一个典型的干预性知识分子的：为了让读者感受他的经验、困难、疑问、痛苦，并通过一种现实主义的认同，获得更好的行动和生活手段。

在此，我感谢中国人民大学出版社给予我翻译此书的机会，感谢友人渠敬东、余中先在此书翻译过程中为我提供的所有帮助。虽然译者付出了艰苦的劳动，书中仍不免有翻译错误，敬请读者指正。

刘晖

2012 年 4 月于通州

图书在版编目（CIP）数据

自我分析纲要/（法）皮埃尔·布尔迪厄（Pierre Bourdieu）著；刘晖译. —北京：中国人民大学出版社，2017.1
（布尔迪厄作品）
ISBN 978-7-300-23649-0

Ⅰ.①自… Ⅱ.①皮…②刘… Ⅲ.①哲学思想-法国-现代 Ⅳ.①B565.59

中国版本图书馆 CIP 数据核字（2016）第 279547 号

布尔迪厄作品
自我分析纲要
[法] 皮埃尔·布尔迪厄 著
刘 晖 译
Ziwo Fenxi Gangyao

出版发行	中国人民大学出版社		
社　　址	北京中关村大街 31 号	**邮政编码**	100080
电　　话	010－62511242（总编室）		010－62511770（质管部）
	010－82501766（邮购部）		010－62514148（门市部）
	010－62515195（发行公司）		010－62515275（盗版举报）
网　　址	http://www.crup.com.cn		
经　　销	新华书店		
印　　刷	北京联兴盛业印刷股份有限公司		
开　　本	890 mm×1240 mm　1/32	**版　　次**	2017 年 1 月第 1 版
印　　张	4.375 插页 2	**印　　次**	2024 年 6 月第 6 次印刷
字　　数	65 000	**定　　价**	48.00 元